reciclaje
apilamientosa
armazones
condiciones de contorno
apilamientos
condiciones de contorno
reciclaje
armazones
apilamientos

nred arquitectos

Magüi González + José Antonio Sosa

Arquitectos colaboradores en los proyectos de la exposición

Miguel Santiago, Daida Argüeso, Javier Cabrera, Raquel Carmona , Carmen Juliá Catalá, Ramón Luis Cruz, Javier Charro, Olga del Castillo, Guacimara Delgado, Fermín García, Daniel García, Susanne M.A. Gerstberger, Rubén Ginorio, Saleta Gómez, Sara Guerrero

www.maguigonzalez.com

Javier Haddad, Daniel Hernández , Óscar Hidalgo,   Juan Jurado,   Alexis López, José Luis Lorenzo, Eva Llorca, Juan José Martínez, Elena Montesdeoca, Sonia B. Rosa , José Luis Novo, Simón Núñez, Salvador José Padrón, Ernesto Saenz, Ruth Suárez , Alejandra Vera .

contents / **contenido**

Prólogo
Iñaki Abalos

Hace años, el "gran crítico" español, -aunque aún vivía Ignacio Solá-Morales obviamente no me refiero a él- me reprendió severamente por incluir el edificio Múltiples II de Magüi González en una selección de los diez mejores edificios del año, solicitada creo que por el diario El Mundo. Uno no debía dejarse llevar por la amistad ni pasiones juveniles, era su mensaje, y recuerdo haber respondido que quizás era esa actitud la que le había impedido hasta la fecha (y aún hoy) sacar un solo nuevo nombre a la luz, raro privilegio para un crítico de actualidad.

Algunos años después, Pepe Sosa me sucedió en ese fugaz trono que es haber sido el catedrático más joven de Proyectos en España. No por casualidad ambos habíamos tratado en nuestras oposiciones el tema del paisaje como un aspecto esencial del proyecto contemporáneo, con toda posibilidad ausente en anteriores oposiciones.

Entre ambos episodios, y después, hemos mantenido una constante e intermitente relación a veces académica, a veces profesional. Con Magüi, con Pepe Sosa, he encontrado desde el principio diversión, cariño e inteligencia, y he entendido hasta qué punto la insularidad es un límite solo para los pusilánimes; para otros es un territorio privilegiado del que alimentarse y en el que crear un territorio de exploración, "una

A number of years ago, Spain's 'great critic' although Ignasi de Solà-Morales was still alive then, I am obviously not referring to him took me severely to task for including the Múltiples II building by Magüi González in a selection of the ten best buildings of the year compiled, I think, for the newspaper El Mundo. One must not let oneself be carried away by personal friendship or youthful passions (that was his message), and I recollect replying that perhaps that was precisely the attitude that had always prevented him (and still prevents him today) from bringing a single new name to light, a rare achievement for a contemporary critic.

A few years later, Pepe Sosa succeeded me on the insecure throne that goes with being the youngest Full Professor of Project Design in Spain. It was no accident that in our candidature examinations for the chair we had each tackled the issue of the landscape as an essential aspect of the contemporary project, something in all probability absent from previous examinations.

Between those two episodes and since we have kept up a continuing if intermittent relationship, sometimes academic, sometimes professional. With Magüi and with Pepe Sosa I have from the outset found enjoyment, warmth and intelligence, and I have come to see how far insularity is a limitation only for the fainthearted; for others it is a

maqueta del mundo" como decía también hace años Ramiro Cuende y desde entonces repito convencido.

Tengo ante mis ojos los trabajos que componen este libro y compruebo la verdad de esta idea. Poco importa que estemos en Puerto del Rosario o en Las Palmas, donde se ubican la gran mayoría de los proyectos mostrados. Con sus proyectos y obras Pepe y Magüi nos pasean por su isla imaginaria y componen una completa visión del mundo, ofreciéndonos elementos suficientes para comprender su intención última como arquitectos: construir una forma de vivir, dar forma a un modo de vida contemporáneo. Algo que se materializaría poco a poco, encargo a encargo, concurso a concurso, y que sólo ese alto en el camino que es un libro, donde podemos ver lo andado, hace aparecer con fuerza.

Olvidemos por un momento las contingencias de los encargos, de cada encargo, e intentemos entender algo más de esta maqueta del mundo. No es casual, por ejemplo que su frontispicio lo componga una Casa para el Arte y su colofón sea la casa de un artista frente al mar. Y si comparamos ambos proyectos hay muchas más relaciones de similitud, como si la Casa del Arte fuese una ampliación y multiplicación de la casa del artista casi la misma caja mirando al mar que constituye la primera sirve

privileged terrain from which to draw sustenance and within which to create a territory to be explored, a 'model of the world', as Ramiro Cuende first said years ago, and I have repeated the phrase with conviction ever since.

I have in front of me now the projects that make up this book, and I can see the truth of this idea. It matters little whether we are in Puerto del Rosario or in Las Palmas, where the great majority of the projects shown here are situated. With their projects and built works, Pepe and Magüi guide us round their imaginary island and compose a complete vision of the world, offering us sufficient elements for us to understand their ultimate intention as architects: to construct a way of living, to give form to a contemporary way of life. This is something that has taken shape slowly but surely, commission by commission, competition by competition, and something that only this halt in the journey that is a book, a look back at the distance travelled, brings out with adequate force.

Let us forget for a moment the contingencies of the commissions, of each brief, and try to understand a little more of this model of the world. It is no accident, for example, that the book's frontispiece should be a House for Art and its conclusion should be a house for an artist by the sea. And if we compare the two projects we find many more relations of similarity, as if the House

para apilarse y recomponer la vista al mar en el edificio institucional-. La arquitectura media entre el paisaje y la vida cotidiana, hace que el arte aparezca en la vida cotidiana subrayando, poniendo de relieve, la belleza del paisaje insular.

Un paisaje que hasta hace poco ha sido siempre el natural, contrapuesto a la fealdad de las ciudades, producto de intereses inconfesables y generadoras de todos los males que atacan la virginidad purísima del paisaje y el medio ambiente.

Magüi y Pepe hace ya mucho tiempo que no oyen este tipo de discursos porque sienten la urgencia de materializar, dar forma visible, a su opuesto: es el paisaje urbano el que necesita más atención, el más frágil y vulnerable, invisible, incluso, para muchos.

Los tres proyectos de restauración presentados de reciclaje en sus palabras- proponen triangular la ciudad con miradores que recuperan y dan nuevo sentido a la relación de la ciudad con el mar y con el puerto con ambos a la vez: ver los barcos llegar y partir, ver la ciudad a la vez como paisaje y como conexión con el mundo-. Ese es el paisaje construido por estas obras; memoria y futuro puestos en sintonía, no por casualidad. O como en el proyecto en Puerto del Rosario, proporcionando una verdadera costa artificial como gran espacio público que mejora la naturaleza y

for Art were an extension and multiplication of the house for the artist: almost the same box overlooking the sea that constitutes the latter serves piled up to recompose the view of the sea in the institutional building. The architecture mediates between the landscape and daily life, making art appear in everyday life and highlighting, placing in relief, the beauty of the island landscape.

This is a landscape that has always, until quite recently, been the natural landscape, in contrast to the ugliness of the cities as the product of undeclarable interests and the root of all the ills that assault the virgin purity of the landscape and the environment.

Magüi and Pepe long ago stopped listening to this kind of discourse because they feel the urgency of materializing, of giving visible form, to its opposite: it is the urban landscape that requires most attention, the most fragile and vulnerable landscape, invisible, even, to many.

The three restoration projects presented here recycling projects, in Magüi and Pepe's words propose to triangulate the city with belvederes that recover and give new meaning to the city's relationship with the sea and with the port with both at once: watching the ships come and go, seeing the city both as landscape and as connection with the world. That is the landscape constructed

permite reconducir la historia de la ciudad. El paisaje no es ya aquello que quedaba al fondo sino el ungüento que une pasado y futuro, memoria y naturaleza, uno de los temas en los que la arquitectura mide, por así decirlo, su grado de contemporaneidad, como si sólo aquellos trabajos capaces de activar nuevas lecturas y nuevas formas de experiencia del espacio público leído como un paisaje antropomorfizado- fuesen capaces de establecer un diálogo productivo con la naturaleza, con el antiguo "paisaje", dándole un sentido y un contenido en nuestro mundo.

Para Magüi y Pepe el binomio naturaleza/artificio queda mudo y vacío sin el componente social e institucional, convertido en un juego formalista. El paisaje urbano es también un paisaje social, un "paisanaje". Es significativo el esfuerzo realizado en su actividad docente por enfrentar a los alumnos a los datos más pragmáticos de una organización social cambiante que se impone como nueva realidad, el nuevo paisaje humano que viene construyéndose en las Islas Canarias. Una sociedad multicultural en crecimiento imparable, una sociedad que participa plenamente del cosmopolitismo, en lo bueno y en lo malo, de las grandes capitales del mundo. Que da pistas bien sólidas con las que operar y Pepe y Magüi lo saben bien pues en su isla imaginaria esta presencia es

by these works; memory and future brought into harmony, not by chance. Or as in the project in Puerto del Rosario, providing a real artificial coast as a great public space that improves on nature and serves to redirect the history of the city. The landscape is not now what is left over in the background but the balm that joins past and future, memory and nature, one of the themes in which architecture measures, so to speak, its degree of contemporaneity, as if only those projects capable of activating new readings and new forms of experience of the public space read as an anthropomorphized landscape could effectively establish a productive dialogue with nature, with the older 'landscape', giving it a meaning and a content in our world.

For Magüi and Pepe the nature/artifice binomial remains dumb and void without the institutional and social component, approached as a formalist game. The urban landscape is also a social landscape, a 'people-scape'. Highly significant here is the effort they make in their teaching to confront their students with the most pragmatic data of a changing social organization that imposes itself as a new reality, the new human landscape in process of construction in the Canary Islands: a multicultural society in relentless growth, a society that participates to the full in the cosmopolitanism, good and bad, of the world's great cities, and one that gives very solid

manifiesta en dos datos: una idea de isla como metrópoli contemporánea y una idea de isla como lugar de intercambio cultural y educativo, como gran espacio de la nueva cultura-.

Si desafortunadamente la Administración no ha sido capaz de crear aún espacios de investigación en nuevas formas residenciales quedando así sus trabajos propositivos aún en estado embrionario, dentro del límite universitario y fuera de este catálogo- sí ha dado, por el contrario, a ambos la oportunidad de desplegar una rica actividad proyectual en edificios institucionales, educativos, de justicia y culturales, que nos hablan de esa intensa búsqueda de construcción de una sociedad cosmopolita, puesta en el mapa. La isla de Pepe y Magüi es una isla del siglo XXI, llena de vida, que utiliza las grandes referencias urbanas sin complejos ni añejos discursos localistas/exculpatorios; intensamente conectada con el mundo, compleja en su estructura social, con conciencia de la similitud de la belleza del marco geográfico y de la creada por el hombre, un territorio en el que podría estarse construyendo una maqueta del mundo por venir, un laboratorio en el que aprender a distinguir el grano de la paja, lo que realmente es útil y deseable. Ver así el trabajo desplegado por Pepe y Magüi ayudará sin duda a quien lo haga a afrontar el futuro con optimismo, sabiendo que

guidelines to work with. Pepe and Magüi are well aware of this, because on their imaginary island this presence manifests itself in two data: an idea of the island as contemporary metropolis and an idea of the island as a place of educational and cultural exchange, as a great space of the new culture.

Unfortunately, the public have not yet managed to create spaces for the investigation of new residential forms, so that Pepe and Magüi's propositive work is still in the embryonic state, within the confines of the university and outside of this catalogue; they have, however, been given the opportunity to develop a rich seam of design activity in institutional, educational, legal and cultural buildings that bear witness to that intensive bid to construct a cosmopolitan society, set down on the map. Pepe and Magüi's is an island of the 21st century, full of life, that makes use of the big urban references unselfconsciously, with no outmoded localism or self-abasement; intensely connected with the world, complex in its social structure, very much aware of the similarity of the beauty of the geographical setting and that of the environment created by man, a territory in which to construct a model of the world to come, a laboratory in which to learn to separate the wheat from the chaff, sifting out what is really useful and desirable. I am convinced that looking at the work deployed by

hay quienes llevan tiempo construyéndolo desde un cierto anonimato, tranquilos, con la confianza de quienes saben lo que se traen entre manos.

Esperamos que el tiempo corrobore a todos este espléndido despliegue de visión y optimismo.

Pepe and Magüi in this way will help us face the future with optimism, aware that there are those who have for some time now been constructing it from a certain unassuming anonymity, with the quiet confidence of those who know what they are doing.

We must wait for time, now, to validate to us all this splendid unfurling of vision and optimism.

Para Pepe y Magüi: Fondo-figura o viceversa.
For Pepe and Magüi: Figure and Ground. Or vice versa
Manuel Gausa

Me gustan las arquitecturas contundentes como una verdad desnuda y sofisticadas como un mensaje sutil. Así son las que proponen José Antonio Sosa y Magüi González. Son arquitecturas complejas ellos están en esa búsqueda de una nueva "lógica de la complejidad", que a muchos nos involucra, pero, al mismo tiempo, claras y rotundas en su exposición. Precisas y expresivas, a la vez. Expresan, muchas de ellas, relaciones explícitas de simultaneidad: apilamientos, encabalgamientos, solapamientos, ensamblajes o fusiones entre figura y fondo, entre forma y formas apelan a movimientos de interacción entre formaciones e informaciones; entre programas, usos, espacios, escalas y/o entornos.

Materializan, en definitiva, dinámicas de cruce en nuevas trayectorias de encuentro.

Sus miradas son certeras y activas a la vez.

Como las de un explorador sereno e implicado, a un tiempo, con la propia realidad que lo envuelve: llámese ésta contexto, medio o paisaje.

Esa vocación dual, "analítica" y "sintética", responde, de hecho, a la propia inquietud intelectual del equipo: en su labor docente y en su actividad académica, en su capacidad teórica o en su vocación cultural, Pepe y Magüi convocan una experiencia singular conectada con un importante marco de renovación disciplinar que ha influido decisivamente en la propia transformación metodológica y creativa propia de

I like architectures as forceful as a naked truth and as sophisticated as a subtle message architectures like those proposed by José Antonio Sosa and Magüi González. These are complex architectures they are part of that pursuit of a new 'logic of complexity' that engages so many us but at the same time clear and forthright in their exposition; precise and expressive at the same time.

Many of them express explicit relationships of simultaneity: amassings, enjambments, overlappings, assemblages or fusions between figure and ground, between form and forms appeal to movements of interaction between formations and informations; between programmes, uses, spaces, scales and/or environments.

They materialize, in short, dynamics of crossing in new paths of encounter.

Their ways of looking are at once perfectly focused and active, like those of an explorer at once serene and involved with the reality around him: we might call this context, environment or landscape.

This dual vocation, 'analytical' and 'synthetic', in fact reflects the team's own intellectual concerns: in their teaching and in their academic activity, in their theoretical capacity and their cultural vocation, Pepe and Magüi bring to bear a singular range of experience associated with a major renovation of the discipline that has decisively influenced the whole creative and methodological transformation of this moment of transition between centuries and logics.

este momento de transición entre siglos y lógicas.

Para muchos denosotros,cómplices de aventuras intelectuales, no cabe mayor elogio que el de destacar esa capacidad "transversal" que permite a ese extraño tandem Pepe y Magüi o Magüi y Pepe, figura y fondo o fondo y figura responder objetiva y subjetivamente, disciplinar y culturalmente,rigurosa y lúdicamente, en definitiva, a sus propios retos profesionales. En esa capacidad de cruce y encuentro reside una de sus mayores virtudes. La de toda una generación ideológica, en definitiva, abierta al intercambio y la curiosidad teóricas, creativas, intelectuales o profesionales más que a la mera afirmación vedettista o individualista. Como en el caso del Star of America, durante años embarrancado en aguas de Fuerteventura y hoy, de repente, sumergido en las aguas que lo envuelven, los viejos objetos varados, autónomos y/o autistas, de la vieja/nueva arquitectura han dejado paso a posibles entornos interactivos. Paisajes relacionales más que meras máquinas funcionales.

For many of us, accomplices in shared intellectual adventures, there is no greater praise than the highlighting of that 'transversal' capability that enables this strange tandem Pepe and Magüi or Magüi and Pepe, figure and ground or ground and figure to respond objectively and subjectively, disciplinarily and culturally, rigorously and playfully, in short, to their own professional challenges.

In that capacity for crossing and encounter lies one of their greatest virtues;

a virtue shared by a whole ideological generation, in fact, open to exchange and curiosity theoretical, creative, intellectual or professional rather than a mere assertion of individualism or stardom.

As in the case of the 'Star of America', grounded for years on the rocks of Fuerteventura and now, suddenly, swallowed by the waters that buoyed it up, the old beached objects, autonomous and/or autistic, of the old/new architecture have made way for possible interactive environments, relational landscapes rather than mere functional machines.

El trasatlántico Star of America, botado en 1939 por Eleanor Roosevelt, varado en una playa del municipio de Pájara, en la isla de Fuerteventura.

Entrevista a los arquitectos
Clara Muñoz

Clara Muñoz (CM).Creo que es evidente que ustedes forman un equipo que funciona bien. De hecho, han ganado numerosos concursos y sus obras han sido seleccionadas para exposiciones importantes de arquitectura dentro y fuera de España. Sabiendo que cada uno de ustedes tiene oficina propia, ¿cómo se establece la relación profesional?

Magui González (MG). Trabajamos juntos fundamentalmente en concursos de arquitectura , hacemos una media de tres al año y los que se ganan se desarrollan en cualquiera de los dos estudios , alternativamente o el que tenga mayor disponibilidad de tiempo en ese momento .
Los dos somos profesores de proyectos arquitectonicos en la ETSA ,en el mismo curso 5º y PFC , eso nos aporta una actitud teórica similar , lo que facilita el planteamiento conceptual del proyecto con rapidez .
Cuando hay concurso, trabajamos intensamente en el planteamiento del proyecto, la forma de trabajar es muy dialéctica. Creemos mucho en los argumentos y en la estrategia, más que en planteamientos formales preconcebidos.
En el desarrollo del proyecto y obra nos vamos repartiendo el trabajo en los dos despachos .Una vez a la semana nos reunimos con nuestra gente, siempre arquitectos jóvenes que han sido alumnos nuestros, para corregir la marcha de los proyectos, de una manera muy similar a como lo hacemos en la Escuela.

CM.Los que seguimos su trayectoria siempre nos preguntamos, ¿cómo se distribuyen el trabajo?

José Antonio Sosa (JS). En realidad no lo distribuimos; trabajamos al alimón... inicias un dibujo y casi de manera automática surgen otros que se van superponiendo y solapando; es un proceso de múltiples manos, sin especializaciones. Una vez concebida la idea interviene la coordinación de cada fase, de cada detalle, desde cada uno de los estudios, con el resto del equipo fantástico que compartimos.

CM.En sus trabajos arquitectónicos y en sus publicaciones se aprecia una voluntad de aproximación a los aspectos teóricos de la arquitectura a través del proyecto. ¿Es el proceso de proyectar la arquitectura una forma en si de reflexionar sobre arquitectura?

MG. Nuestro proceso de aproximación al proyecto es bastante teórico, en el comienzo hablamos mucho y pensamos mas que dibujamos, cuando está el armazón teórico y la estrategia clara empezamos a visualizar el proyecto, entonces empezamos a dibujar y a hacer maquetas de trabajo.
Luego pasamos el proyecto al equipo de trabajo y vamos corrigiendo el proceso.
El proyecto es algo más que una obra de arquitectura, puede dar una determinada visión del mundo

CM. ¿Consideran que el trabajo que hacen se vincula a alguna de las líneas de pensamiento que subyace en el quehacer arquitectónico actual?

JS.Tratamos de permanecer dentro de nuestro tiempo. Reflexionamos, y sobre todo, procuramos vivir en las ideas que dominan el pensamiento contemporáneo. El vinculo entre estos conceptos y la obra nos parece fundamental; de ahí el carácter mixto de esta exposición. Si "estás" en tu tiempo, si vives de verdad el momento que te ha tocado, su cultura, su pensamiento, su arte... es inevitable la sintonía con los que comparten tus mismas inquietudes. Si esto no se produjera así deberíamos preocuparnos, porque podría significar que estamos fuera de nuestro tiempo, y eso sería muy grave en el caso de un arquitecto, o de un pintor... de cualquiera diría...sería una burla a la sociedad.

CM. Ha sido bastante revelador ver como se ha clasificado la obra desechando los criterios cronológicos y buscando un hilo conductor más creativo y acorde con aspectos teóricos de la arquitectura.

MG.Desde el 95 estamos realizando concursos, pero creo que es en este momento cuando tenemos el armazón teórico formado, por eso hemos hecho esta exposición.
La agrupación en cuatro conceptos no es totalmente rígida, algunos proyectos pueden pasar fácilmente de una categoría a otra. Esta exposición nos permite detenernos a pensar en lo que estamos haciendo. Las palabras que utilizamos para agrupar los proyectos pueden significar otra cosa en otro campo de conocimiento, por ello las hemos definido, como si fuera un diccionario.

El Diccionario Metápolis de arquitectura avanzada de Manuel Gausa ha sido muy revelador para nosotros. Ser capaces de definir un proyecto con una palabra o con una frase es un reto que mantenemos constantemente.

CM.¿Cómo han podido sacar adelante proyectos que se salen de esos convencionalismos que consideran la existencia de arquitecturas viables e inviables?

MG.Para nosotros la arquitectura no puede ser inviable, si algo resulta inviable por motivos económicos siempre se puede ajustar el presupuesto, si es la aspiración del cliente, se introduce como una variable mas del proyecto y si es un problema técnico siempre hay soluciones alternativas. Muchas veces la palabra inviable esconde detrás ignorancia sobre el tema. La arquitectura y sobre todo la ciudad no es algo que se haga de un día para otro, es un proceso muy largo, muchas veces tenemos que adelantarnos a los procesos.

CM. Ustedes han agrupado los distintos trabajos en torno a conceptos como apilamientos, condiciones de contorno, reciclaje y armazones. Esta forma de estructurar los proyectos denota una voluntad de complementar y enriquecer el vocabulario arquitectónico profundizando en una serie de cuestiones. ¿Qué importancia tiene el concepto a la hora de elaborar un proyecto?

JS. Se trata de obsesiones comunes con las que vas tropezando con el paso de los años y que nos interesan a todos. Son conceptos sobre los que volvemos continuamente. Nuestra pertenencia al ámbito universitario es clave en este sentido; están presente en los escritos que formulamos tanto como en los propios proyectos; lo contaminan todo. Estos conceptos que exponemos abiertamente se unen a otros no menos importantes para nosotros, como los de la sostenibilidad o la generación de ambientes. Estos últimos se relacionan más directamente con el LUGAR, palabra clave en nuestra cultura. Cada época ha tenido una obsesión: durante la Edad Media, la cultura giró en torno a la idea "Dios", durante el Renacimiento se inició el tiempo del Hombre… ahora pensamos que es el momento del Lugar, del Paisaje… puede que esta palabra sea la que mejor caracteriza nuestra época.

CM.¿Siguen ustedes en cada proyecto una metodología que permite desvelar las prioridades que deben ser atendidas?

MG. El orden de prioridades es fundamental; el éxito del proyecto esta precisamente en descubrir cual es la pregunta a la que hay que responder .
El cliente , el presupuesto , la ciudad , la cultura contemporánea en la que estamos sumergidos , el equipo humano de que disponemos , el tiempo , la gestión , la geopolítica de la que se habla mucho ahora .

CM.Bajo el epígrafe de apilamientos se agrupa el proyecto de La Regenta. La superposición de cajas que deja resquicios para la entrada de la luz, ¿lleva aparejado un sistema estructural de apilamientos de elementos estructurales o, sin embargo, se sigue los métodos convencionales de construcción?

JS. Se trata de una pila de grandes cajas vacías de hormigón (paredes y techos) sin elementos intermedios (pilares o muros) que pudieran condicionar cualquier instalación o trabajo de producción artística. Se construyen con estructura de grandes luces, apoyada solo en los bordes cercanos a la medianera y por un proceso aditivo, en el que una vez acabada la estructura , ya estará prácticamente finalizado el edificio…Miguel Santiago y yo construimos en este momento una casa junto al centro deportivo de la Cornisa. Nos interesa de este proyecto la interrelación que se produce también entre las dos grandes cajas de hormigón visto que lo conforman.

CM. En los edificios públicos que ustedes realizan se observa una especial atención a los espacios de transición entre lo privado y lo público favorecida por los propios volúmenes que sobresalen hacia el espacio exterior. Esta voluntad no sólo existe en los edificios públicos como los Juzgados haciéndose extensible a las viviendas unifamiliares como es el caso de la Casa Ruiz. Da la impresión de que están desarrollando un trabajo sobre la privacidad ¿en qué sentido?

MG. En los Juzgados se intenta recrear una calle interior que conecte los diferentes órganos judiciales, con las proporciones de una calle de Vegueta. Para conseguir esa idea hemos abierto visualmente la planta baja a la calle exterior, queremos que el flujo de personas en el interior sea como la prolongación de lo que ocurre en el exterior.
Es la parte de los tránsitos y de los flujos la que hacemos mas pública, mas visible, nos gusta que en los edificios se vea la actividad que se desarrolla dentro; el transito de personas y las oscilaciones de los ascensores forma parte de la imagen del edificio. En nuestros dibujos siempre hay gente formando parte de la fachada.
En la Casa Ruiz, a pesar de ser un espacio domestico, me he planteado darle una cierta dimensión pública, sobre todo en la relación con el paseo. A la casa se entra sin filtros, aprehendiendo todo el espacio nada mas entrar. En la fachada un juego de veladuras y transparencia incorporan a los habitantes en la imagen de la casa.

CM. A la hora de apilar volúmenes y espacios da la sensación de que también se apilan usos (superposición de usos), sin embargo, cada estancia de sus proyectos tiene también un carácter específico. ¿Cómo conciben esta superposición?

JS.Superponer, apilar, amontonar, sumar… son formas de agrupamiento no jerárquico. Nos interesa una arquitectura con orden pero sin jerarquía. Y cualquier método de lograr o aproximarnos a ese reto, nos atrae. Cuando agrupas una serie de objetos, cada uno de ellos sigue manteniendo su independencia, cada uno de ellos permanece unido a los demás por razón de su contigüidad y poco más.. Creo que esto nos interesa a todos hoy! De este modo sólo ordenas, y con mayor libertad, las funciones y los volúmenes. No los compones (en el sentido más clásico de la palabra); los organiza, los dispones.

CM. Se ve en todos los proyectos elementos comunes como es esa permanente búsqueda de la interrelación de los espacios, así como la versatilidad de éstos que permite albergar múltiples funciones.

MG. Esta estrategia nos ha permitido ganar algunos concursos, pero también tiene que ver con el momento en que vivimos, ya nadie cree en las cosas definitivas y rígida; las estructuras abiertas y la posibilidad de cambio son categorías del pensamiento actual además de conceptos espaciales.

CM. Preservar el uso industrial de La Regenta les lleva a apilar grandes cajas con capacidad para albergar múltiples usos. La caja, sin embargo, remite al recipiente donde se guardaban los puros, uso que tenía este edificio antiguamente. ¿Qué importancia le dan ustedes a la preservación de la memoria de un edificio que va a tener nuevos usos?

JS. Actuar en el campo del reciclaje es trabajar con el tiempo; con el tiempo pasado. El reciclaje es una lucha contra ese tiempo. Y es hermoso ese aspect; difícil pero atractivo. Si en el camino del nuevo proyecto cae todo, si lo eliminas todo, desaparece justamente esta lucha. Por eso el interés en preservar aspectos de la memoria. La memoria es el armamento y a la vez, el alma del tiempo. Sin su presencia el proyecto es simplemente presente.

CM .Iniciar un nuevo ciclo a partir de lo viejo establece una premisa que se fundamenta en la cualidad que tienen algunos elementos de los edificios para permanecer en el espacio y en el tiempo. La necesidad que tiene el arquitecto de solucionar qué es lo que debe permanecer y desaparecer en cada edificación, ¿es también un aspecto a tener en cuenta a la hora de concebir el propio reciclaje de un edificio de nueva planta?

MG. Creo que esta es una e las cuestiones más difíciles de abordar en los edificios históricos. La idea de que el edificio se recicle , que inicie un nuevo ciclo en la historia, lleva consigo dotarlo de un nuevo uso que vaya con los tiempos ; no se trata solo de restaurarlo , sino de detectar la oportunidad de que funcione de manera novedosa ,de lo contrario estos edificios se quedan vacíos de contenido , se quedan muertos .

CM. Ustedes están rehabilitando el Gabinete Literario y las Casas Consistoriales en Las Palmas de Gran Canaria, dos de los edificios históricos más relevantes de la arquitectura canaria. ¿Qué tipo de aspectos han considerado ustedes más relevantes y qué otros han entendido como secundarios, incluso, de los que se podría prescindir?

JS. Ambos edificios responden a situaciones muy diversas. El Gabinete es como un anciano familiar que precisa de cuidados permanentes mientras sigue funcionando y tratando de adaptarse a nuevas situaciones. Sus funciones siguen siendo las mismas desde hace más de un siglo: un lugar de encuentro para la cultura y el debate; solo necesita cirugía ligera; adaptación. Las Casas Consistoriales, sin embargo, carecían de funciones cuando iniciamos la rehabilitación. Solo se usaba una vez al mes para los plenos más significativos. El resto del tiempo el edificio estaba cerrado y con un guardia en la puerta…sus únicos habitantes eran las palomas. Ocupando un lugar tan prominente en la ciudad es conveniente inyectarle un uso que lo mantenga vivo. En el concurso, en 1995, propusimos un museo de sitio de Vegueta, un lugar donde explicar la fundación de la ciudad; el porqué nació justo aquí, en medio del Atlántico o en medio del palmeral que le dio nombre; un museo también de su arquitectura y urbanismo colonial; que muestre las razones de peso de su justa declaración como Patrimonio de la Humanidad.

CM. ¿Qué importancia tiene la cubierta en estos dos edificios históricos ubicados en el casco histórico de la ciudad?

JS. Entendimos sus cubiertas a través de una lectura paisajística del centro histórico de Las Palmas. Jugamos con el paisaje que estos edificios configuran, la definición de un perfil o una silueta o la posible interrelación entre estos elementos de remate; pero también, y al contrario, desde una visión interior, jugamos con la oportunidad que sus cubiertas ofrecen para asomarse y descubrir una nueva imagen de la ciudad.

CM. En el concurso de rehabilitación del teatro Pérez Galdós, proponen una intervención acristalada muy limpia que emite luz propia. ¿Por qué ese protagonismo de la luz?

MG. En el concurso planteábamos la posibilidad de construir con Luz, ya que un teatro se vive de noche .Queríamos que la intervención en este edificio histórico fuera lo mas etérea posible, reducir el protagonismo de los materiales.

CM . El concepto de armazón lo contemplan próximo a las estructuras abiertas, asociado a las concepciones relacionales y operativas de la realidad. La Ciudad de la Justicia de Las Palmas y el Edificio Administrativo de la Fundación Loyola son dos ejemplos del concepto de armazones. ¿En qué sentido?

JS. Armazones es para nosotros un concepto complejo, quizás el mas complejo de los que manejamos aquí. Está relacionado efectivamente con la operativa más que con las estructuras cerradas o el concepto de IDEA. La idea es cerrada; posee una forma estable. El armazón es abierto, puede cambiar, no está sujeto a formas preconcebidas. No es por lo tanto jerárquico…La jerarquía necesita y se apoya en la estabilidad. Un edificio armazón sería, con un símil, como una estantería, donde pudieras situar los objetos que más te interesaran y en el orden que más te interesa en cada momento. Por poner un ejemplo; el edificio de los juzgados se desarrolló en pleno cambio de la ley de ordenación de la Justicia: aumentamos y disminuimos sus plantas, modificamos por completo su distribución repetidas veces… su skyline o perfil cambió múltiples veces, y esto no afectó al resultado, porque la base de partida era justamente,esa, que no debía tener una forma propia, sino ser un fuselaje contingente.

CM.La Ciudad de la Justicia aporta estructura y espacio público al polígono de San Cristóbal, un espacio degradado que necesita integrarse en al ciudad. ¿Es ésta una vía para conseguirlo? ¿Están ustedes sensibilizados con la función social de la arquitectura?

MG. El reto de este edificio es que sea capaz de generar actividad urbana en la zona, que haga de bisagra entre esas dos tramas de Ciudad, Vegueta y el polígono de San Cristóbal.

CM. El Palacio de Justicia fue seleccionado para la Bienal de Arquitectura de Sao Paolo. ¿Qué aspectos de este proyecto consideran ustedes que pudo haber despertado el interés del jurado?

JS. La Bienal se centró especialmente en la capacidad de la arquitectura para generar plusvalías sociales. El edificio de los Juzgados trata de actuar como hibridador entre San Cristóbal (exponente de polígono de viviendas de los sesenta/setenta) y Vegueta (casco histórico y fundacional). El edificio, por su situación, pero también por su forma de colocarse, trata de llevar a su emplazamiento las ventajas del barrio histórico, y viceversa, se apropia de determinadas estructuras de la ciudad histórica (la calle, la plaza) como elementos de organización de su interior.

CM. Englobado en condición de contorno se encuentra la Plaza de los Derechos Humanos y Aparcamiento Venegas y el Master Plan de Puerto del Rosario. ¿Qué es lo que les interesa a ustedes del espacio libre como "modelo de espacios arquitectónico"?

JS. En estos dos proyectos los bordes, el entorno, es muy heterogéneo. Está compuesto por situaciones muy diversas, edificios de alturas variadas, formas rota y sin orden... el contorno a su vez, es irregular, no obedece a ninguna geometría, es el producto de la superposición de tiempos y funciones... no obedece a ningún proyecto. En esta situación, nos planteamos: ¿Qué estructura es capaz de generar orden en un entorno tan complejo? ¿Qué formas son capaces de hacerse leer a pesar de ese entorno tan complejo? Ahí es donde surgió ese concepto de condiciones de contorno, la búsqueda de una estructura isotrópica potente, capaz de ser recortada de la manera más irregular y absurda pero que no pierda su lectura como espacio único. En Venegas, esta estructura es como una tela de topos (como la de un traje flamenco); por más que uno meta la tijera y corte un retal irregular en esos estampados, sigue reconociéndose perfectamente. De ahí la importancia de que todos los "topos" fueran iguales; de ahí nuestra perplejidad ante la solución de jardinería adoptada finalmente por el ayuntamiento y nuestro deseo de que esta sea finalmente reconducida.

CM. ¿Cómo creen ustedes que se debe establecer el diálogo entre la ciudad y el parque?

MG. Venegas es una plaza urbana, en un entorno duro, de edificios administrativos; es un lugar de transito, sin jerarquía, los recorridos son múltiples y aleatorios, es todo lo contrario a una plaza clásica representativa y jerárquica, como la plaza de Santa Ana. Su sentido está en recoger los distintos flujos de la ciudad tan compleja en la que vivimos, entre los que se encuentran también el acceso a los aparcamientos.

CM. ¿Cuáles son las prioridades a la hora de abordar el encuentro entre la ciudad de Puerto del Rosario y el mar?

JS. El debate sobre la permanencia del Puerto en el frente marítimo de la ciudad o su traslado saltó a la palestra desde el inicio. El eterno debate entre permanencia y traslado de los Puertos. La otra cuestión está más vinculada con una de las características más específicas de Puerto, que es la calidad de su mar. Hay ciudades con una luz especial, otras se caracterizan por su arquitectura, o por sus espacios libres... Puerto se caracteriza por su mar. Allí aun pervive el contacto fuerte de la ciudad con sus aguas, que por otra parte son las mas limpias y hermosas del archipiélago .Este aspecto determinó fuertemente el proyecto, que trata de garantizar la sostenibilidad de su medio marino, la limpieza y oxigenación de sus aguas, su permanente accesibilidad; acercar al ciudadano físicamente hasta ella; que pueda bañarse, que pueda pasear a lo largo de toda la costa, que la pueda tocar con la mano....

CM. ¿Qué respuestas puede ofrecer Puerto del Rosario al debate crecimiento y sostenibilidad?

MG. Puerto del Rosario tiene uno de los índices de crecimiento más altos de Europa, esta realidad lleva consigo la posibilidad de grandes inversiones en la zona, que generen mucha actividad económica. Esto es lo que hará viable una nueva redefinición de una nueva línea de costa, más orgánica y natural, despegando los muelles como si fueran islas y minimizando el impacto que estas infraestructuras producen. La marina deportiva, los edificios de oficinas, la Terminal de trasporte interinsular y las áreas lúdicas y comerciales son las que posibilitan la creación de grandes espacios públicos en contacto con el mar. El espacio público no puede entenderse hoy en día sin la inversión privada .La plaza de Venegas es un ejemplo de ello.

apilamientos. armazones. condiciones de contorno. reciclajes
framings, stackings, boundary conditions, recyclings
n**red arquitectos**

Acostumbramos, al hablar de nuestra obra, incidir en los conceptos que estructuran este pequeño libro. Se refieren a cuestiones que sentimos muy próximas: a la condición no jerárquica de la arquitectura contemporánea, a la sostenibilidad, y a la creación de nuevos ambientes. Frente a organizaciones fuertemente estructuradas en que la forma o la composición lo rige todo, estos conceptos defienden organizaciones abiertas, topológicas o relacionales. Frente a formas a priori, cerradas, defienden programas contingentes, programas apilables; alturas variables, secciones que se organizan por estratificaciones o superposiciones... Frente a plantas estructuradas mediante sistemas más o menos inalterables o rígidos, de circulaciones preestablecidas, propugnan plantas abiertas, en que tramas isotrópicas, de carácter homogéneo y no jerarquizadas se cortan por contornos definidos por el lugar y el territorio. Se trata de conceptos que tienen mucho que ver con la sociedad en que nos toca vivir. Una sociedad que no desea ser jerárquica, ni cerrada, que no quiere ser de "disciplina" en términos foucaltianos; y que se formula capaz de sustituir lo compuesto por lo organizado ó el control por el acuerdo. La Arquitectura, como un sismógrafo inevitable, quiere ser el espejo de esa Sociedad y por lo tanto, al construirse, ser capaz de definirla, nombrarla.

In talking about our work we like to stress the concepts that structure this little book. These have to do with issues we feel very closely involved with: the non-hierarchical condition of contemporary architecture, sustainability and the creation of new environments. In contrast to heavily structured organizations in which the form or the composition governs everything, these concepts advocate open, topological or relational organizations. In contrast to a priori closed forms they advocate contingent programmes, stackable programmes; variable heights, sections organized by stratifications or superpositions... In contrast to floor plans structured on the basis of more or less rigid or unchangeable systems, with pre-established circulation schemes, they advocate open plans in which isotropic stretches, homogeneous and non-hierarchical in character, are cut off by boundaries defined by the place and the territory. These are concepts that have a lot to do with the society we find ourselves living in; a society that does not wish to be hierarchical or closed, that does not want to 'discipline' in Foucauldian terms, and formulates itself as capable of replacing the composed with the organized, or control with accord. Architecture, inevitably a seismograph, seeks to be the mirror of this Society and, as such, in constructing itself, to be capable of defining it, naming it. Stacking up volumes without a precise limit or building floor plans in open field organizations is a way of constructing these concepts.

Apilar volúmenes sin un límite preciso, o construir plantas en organizaciones de campo y abiertas es una manera de construir esos conceptos. Valorar formas abiertas estratificadas, en las que la contigüidad puede más que la estructura, o en que esta se produce por apilamiento de volúmenes superpuestos, fue patrimonio inicial de la arquitectura de los 60: Van der Broek y Bakema en Holanda, los Metabolistas japoneses, Alison y Peter Smithson en Inglaterra o ya fuera de Europa, Moshe Safdie en Israel y Norteamérica o Joao Filgueiras Lima (Lelé) en Brasil, entre otros muchos, desarrollaron su investigación arquitectónica en torno a estos conceptos. Todos ellos formularon propuestas que iban directamente en esta línea. No tiene nada de particular: es en los 60 cuando comienza la verdadera formulación de los conceptos contemporáneos. Atraviesan el planeta entonces nuevos planteamientos arquitectónicos que reclaman precisamente estos conceptos como base sobre la que desarrollar la expresión arquitectónica.

Hoy, después del paréntesis de la postmodernidad (arquitectónica), recorren de nuevo el panorama mundial estos conceptos reformulados que se reclaman por quienes entienden los cambios sociales en mayor sintonía con los requerimientos de desjerarquización, libertad y sostenibilidad y, en consecuencia,

Valuing stratified open forms in which contiguity counts for more than structure, or in which the structure results from the stacking up of superposed volumes was the initial patrimony of 1960s architecture: Van den Broek y Bakema in Holland, the Japanese Metabolists, Alison and Peter Smithson in England, or, outside Europe, Moshe Safdie in Israel and North America or João Filgueiras Lima (Lelé) in Brazil, among many others, developed their architectonic researches around these concepts. They all formulated proposals that were directly in this line. There is nothing remarkable about this: it was in the 60s that the real formulation of contemporary concepts began. Across the planet at that time new architectonic premises were championing precisely these concepts as a basis on which to develop architectonic expression.

Today, after the parenthesis of (architectonic) postmodernism, all over the world there is a resurgence of these reformulated concepts, championed by those who see social changes as more in tune with the need for de-hierarchization, liberty and sustainability and, in consequence, are moving back into those already evolved fields of architectonic research in which the de-hierarchization of the formal structure is also a priority. The contemporary projects we are all interested in are organized in terms of those shared concepts that

vuelven a retomarse aquellos campos de la investigación arquitectónica ya evolucionados en los que prima también la desjerarquización de la estructura formal.

Los proyectos contemporáneos que nos interesan a todos se organizan desde esos conceptos comunes que definen nuestro tiempo y tratan de construir una realidad diferente a la que conocimos anteriormente.

Es el concepto, la idea, o la expresión (y en eso el arte no cambiará nunca) el que valida la forma, el que da sentido a la forma. Y ese concepto queda definido por el pensamiento o el sentir artístico de la sociedad contemporánea.

Cada época posee sus propias formas a partir de estos conceptos que la animan. Esa manera de entender la arquitectura se produce con cierto grado de coincidencia que, más que señalar referencias formales señalan el "estar o no estar" en el tiempo que a uno le toca vivir.

Se trata del ajuste o sintonía con la época en que cada uno desarrolla su actividad creadora, se trata, sencillamente, del compromiso con el tiempo. .

nred-arquitectos.com

-"Armazones" en Arquitectura Radical, CAAM, 2003, en la revista Transfer numero 5. Madrid 2003, en el diccionario Metapolis, Barcelona,
-"Condiciones de Contorno" en Arquitectura 345, Madrid 2006

define our time and seek to construct a reality different from the one we knew in the past.

It is the concept, the idea or the expression (and in this art will never change) that validates the form, that endows the form with meaning. And that concept is defined by the thought or the artistic sense of contemporary society.

Every age possesses its own forms on the basis of these concepts that animate it. In this way of understanding architecture these occur with a certain degree of coincidence that do not so much reflect formal references as signal the 'to be or not to be' in time that it is one's lot to live.

It is a case of adjusting to or being in tune with the age in which each of us develops our creative activity; it is simply a question of commitment to the time..

nred-arquitectos.com

- 'Armazones' in Arquitectura Radical, CAAM, 2003; in the magazine Transfer,no. 5, Madrid, 2003; Metapolis Dictionary of Advanced Architecture,Barcelona, 2003 -'Condiciones de Contorno' in Arquitectura 345, Madrid, 2006.

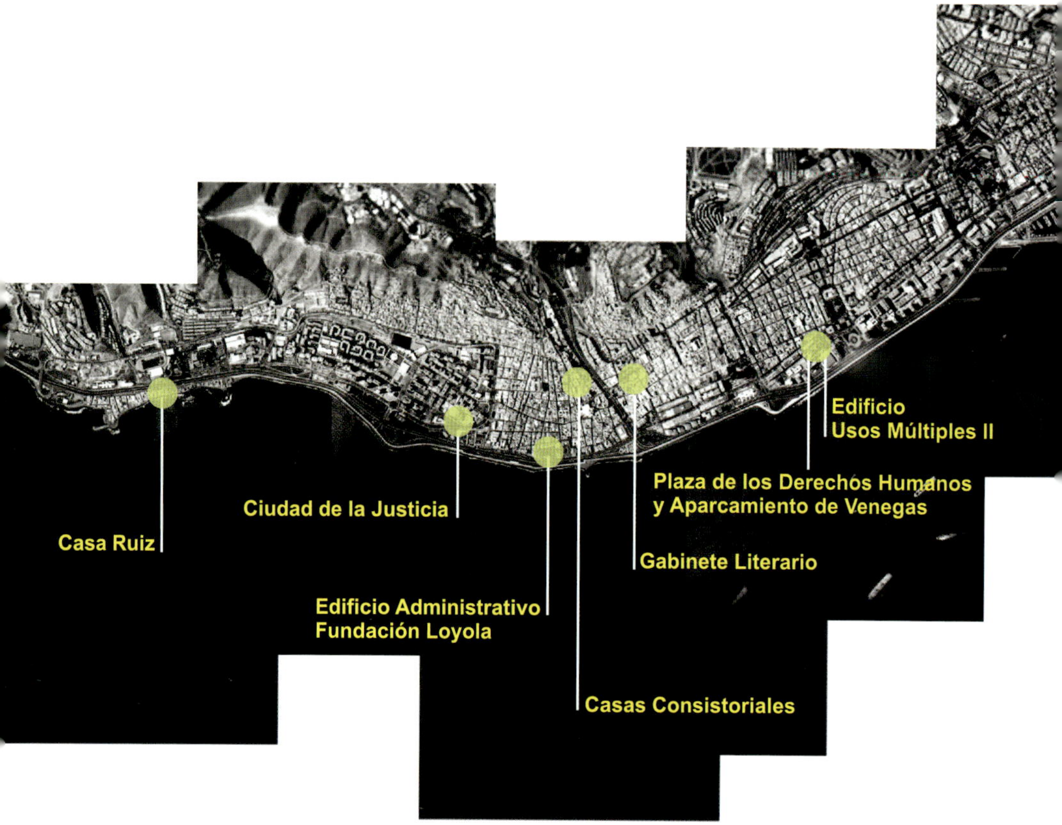

Casa Ruiz
Ciudad de la Justicia
Edificio Administrativo
Fundación Loyola
Casas Consistoriales
Gabinete Literario
Plaza de los Derechos Humanos
y Aparcamiento de Venegas
Edificio
Usos Múltiples II
Master Plan
Puerto de Rosario.Fuerteventura

Centro de Producción
Artística la Regenta
Las Palmas de Gran Canaria

APILAMIENTOS

El concepto APILAMIENTO, establece y valora formas abiertas estratificadas, en las que la contigüidad puede más que la estructura, o en que esta se produce por yuxtaposición de volúmenes superpuestos.

Apilar cuerpos sin un límite preciso. Organizar un conjunto de elementos por proximidad y sin definir jerarquía.

Stackings

The concept of STACKING establishes and valorizes stratified open forms in which contiguity counts for more than structure, or the structure is produced by the juxtaposition of superposed volumes.

Stacking volumes with no precise limit. Organizing a set of elements by proximity and without defining hierarchy.

APILAMIENTOS

Centro de Producción Artística "La Regenta"
Concurso Juzgados de Santa Lucía

Centro de Producción Artística "La Regenta".
Arquitectos:
Magüi González + Jose Antonio Sosa + Miguel Santiago
1º Premio Concurso Nacional 2005

Ecología Industrial

El edificio de La Regenta es una magnifica oportunidad para crear un centro alternativo de arte. Su uso industrial anterior lo dota de cualidades espaciales para ello. Grandes alturas de techo, espacios libres amplios, forjados resistentes a grandes cargas estructurales…y, sobre todo, ese ambiente fabril y desaliñado que los edificios industriales poseen. Tiene un carácter desinhibido y abierto, carece de estructura jerárquica o de carga histórica o simbólica que apabulla o impida usos alternativos… se presta a ello. Casi se diría que lo pide.

Reciclar

El reciclaje es una operación selectiva. No todo vale. El análisis de lo que se conserva y lo que no, es como el diagnostico del médico; de él depende la validez del resultado.
Para alcanzar el objetivo de transformar la Regenta en un centro de producción artística se parte de las siguientes consideraciones: la fachada a la calle de León y Castillo se debe preservar, no tanto por sus valores arquitectónicos, como por sus valores históricos y también porque sustenta y da sentido al nombre del espacio.

Industrial Ecology

The La Regenta building is a wonderful opportunity to create an alternative art centre. Its former industrial use gives it the spatial qualities for this. High ceilings, large open spaces, floor slabs capable of bearing great structural loads… and, above all, that untidy workaday quality that industrial buildings have. It has an open, uninhibited character, it is without a hierarchical structure or a historic or symbolic load that would restrict or impede alternative uses. It is suitable for such a project… it's just right for it. You could almost say it's crying out for it.

Recycling

Recycling is a selective operation. Not everything goes. The analysis of what to preserve and what to eliminate is like a doctor's diagnosis; the validity of the results depends on the doctor.
To achieve the aim of turning La Regenta into a centre for artistic production, the following considerations must be taken into account:
The façade facing on calle León y Castillo must be preserved, not so much for its architectonic as its historical value, and also because it underpins and give meaning to the name of the space

Planta Cuarta. Plató

Las dos plantas bajas del edificio son también claves. Su preservación también se justifica. A lo largo de los veinte años de andadura de La Regenta, han demostrado cumplir más que satisfactoriamente su función como espacios expositivos amplios y versátiles.

El patio forma parte también de la estructura tipológica original, parece adecuado mantenerlo. Se plantea en el proyecto restarle importancia: Eliminar el lucernario de cubierta, (hoy oscurecido de mil formas); este carece de sentido y hace excesivamente presente, el patio.

The two ground floors of the building are also key considerations. Their conservation is also justified. In La Regenta's twenty years of existence, they have proved to more than fulfil their function as large and versatile exhibition spaces.

The courtyard is also part of the original typological structure of, and it seems appropriate to maintain it. The project proposes to play down its importance by eliminating the skylight on the roof (now very much darkened), which lacks meaning and makes the courtyard unduly present.

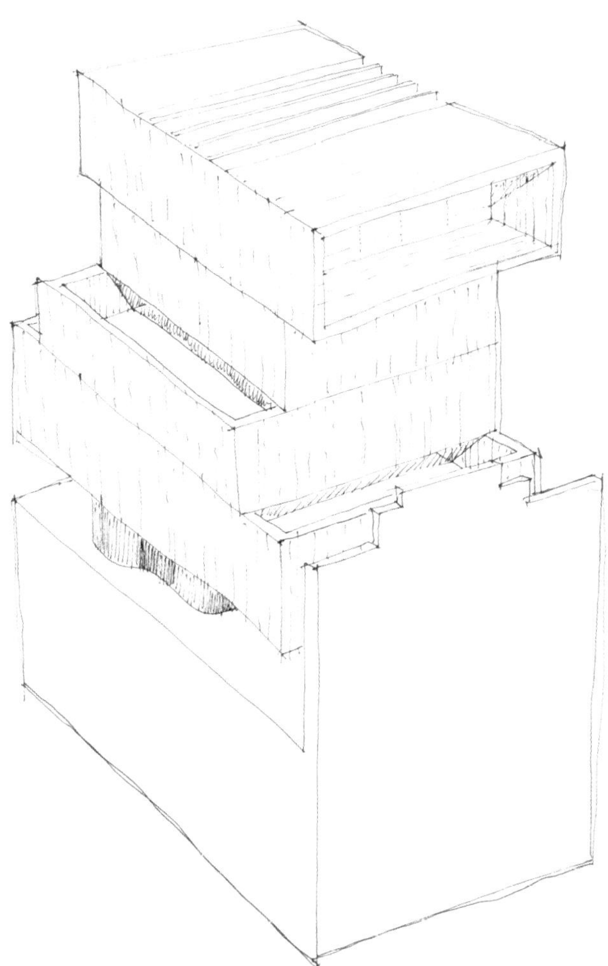

El programa propuesto se desarrolla siguiendo criterios muy vinculados al uso industrial que tuvo en su día: un apilamiento de grandes cajas (las imaginamos como grandes cajas de puros), estratificación de espacios disponibles y libres capaces de albergar cualquier uso. Cajas sin estorbos intermedios, sin espacios fijos que obstaculicen cualquier clase de montaje o de instalación. Cajas que permitan cualquier actuación o cualquier uso: talleres, loft, grandes naves…lo que se quiera: espacios experimentales abiertos; espacios de libertad. Cajas con luz natural controlada y mucha altura. La altura es básica en estos espacios.

The proposed programme has been developed on the basis of criteria closely related to its industrial use in the past: a stacking of large boxes (we imagine them as large cigar boxes), stratification of available open spaces capable of accommodating a wide range of uses. Boxes without intermediary obstacles or fixed spaces that would impede any kind of assembly or installation. Boxes that allow any actuation or use: workshops, loft, large bays… whatever is wanted: open, experimental spaces; spaces of freedom. Boxes with controlled natural light and plenty of height. Height is basic in these spaces.

Por encima de este programa contingente, que no deja de ser orientativo y abierto, lo más importante: la flexibilidad de usos, la neutralidad de los espacios. El núcleo de comunicaciones verticales se sitúa en un extremo de las plantas. Cada caja, cada planta propuesta se resuelve apoyada en las medianeras de hormigón. Sin pilares, sin elementos que establezcan condiciones a priori. Dejando que sea el uso quien determine la especialización de los espacios.

Over and above this contingent programme, which is at all times open and orientative, the most important thing is the flexibility of uses, the neutrality of the spaces. The vertical communications core is located at one end of the floors. Each box, each proposed floors rests on the concrete end walls. There are no pillars, no elements that establish a priori conditions. The use thus determines the specialization of the spaces.

La estructura se resuelve con diecisiete metros de luz para lograr un espacio totalmente diáfano y contingente, que permita cualquier uso posible vinculado con la creación. Como forma de obtener la libertad distributiva, pero además, como forma más económica de salvar, sin tocarlas, las dos plantas inferiores (evita la complejidad que supondría reforzar las columnas existentes en las plantas bajas).

No se trata sólo de construir un edificio nuevo; se trata de construir nuevos ambientes para el arte.

The structure is resolved with a 17-metre span to give an airy contingent space that permits any possible creativity-related use; as a way of obtaining the desired freedom of distribution, and also as the most economical way of spanning the two lower floors without modifying these (thus avoiding the complexity of reinforcing the existing columns there).

It is not only a matter of constructing a new building; it is a matter of constructing new environments for art.

Planta Tercera

Concurso Juzgados de Santa Lucía, 2006
Arquitectos:
Magüi González + José Antonio Sosa

Cada una de las plantas del edificio se ha resuelto dimensionándola según el programa que se plantea en el pliego. Una vez encajada la distribución formulada, se superpone una sobre otra como quién apila tres cajas de forma libre.

Esta superposición que proponemos, de aspecto aleatorio, podría ser de mas o menos plantas; podrían ser 4 ó 5 si hiciera falta o, podrían ser de mayor, o menor tamaño. Esto no afectaría al proyecto, que se entiende y se resuelve con la máxima flexibilidad, como quién coloca libros en una tonga más ó menos variable de altura y de dimensión.

Each of the floors of the building has been resolved by scaling it according to the programme outlined in the technical specifications. Having achieved the formulated distribution, each floor is superposed in the manner of three freely stacked boxes.

The superposition we propose, aleatory in appearance, could incorporate more or fewer floors; there could be 4 or 5, if necessary, and they could be bigger or smaller. This would not affect the project, which is conceived and resolved with maximum flexibility, like stacking books in a pile of variable height and width.

ARMAZONES

Frente al concepto de IDEA, el concepto de ARMAZÓN sustituye las estructuras formales cerradas   por estructuras más abiertas y contingentes.

Se asocia a las concepciones relacionales y operativas de la realidad.

El armazón como vinculante y conector de objetos heterogéneos permite la función sin un orden cerrado. Carece de limites; su contorno es permeable .

FRAMINGS

In contrast to the concept of IDEA, the concept of FRAMING replaces closed formal structures with more open and contingent structures.

It is associated with operative, relational conceptions of reality.

The framing as a link between and connector of heterogeneous objects enables function without a closed order. It has no limits; its boundary is permeable.

ARMAZONES

Ciudad de la Justicia de Las Palmas
Edificio Administrativo.Fundación Loyola

CIUDAD DE LA JUSTICIA DE LAS PALMAS .
Arquitectos:
Magüi González + Jose Antonio Sosa + Miguel Santiago
1ºPremio Concurso Nacional 2004

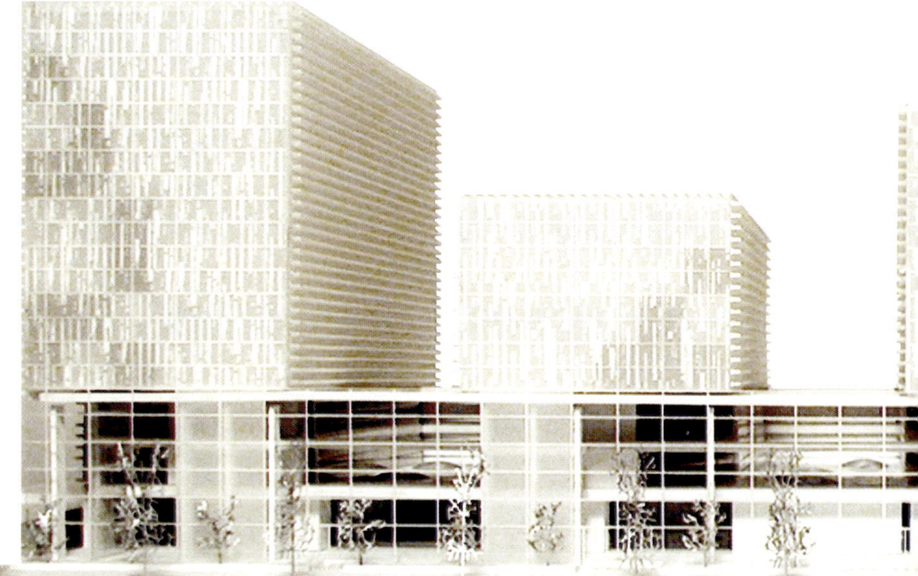

ciudad de la justicia de las palmas
catedral de las palmas de gran canaria

casas consistoriales

El edificio se instala en la ciudad asumiendo su papel de bisagra entre el casco histórico y el barrio de San Cristóbal prototipo del urbanismo moderno de los años 60.

No pretendemos que su estructura organizativa ofrezca una imagen excesivamente fuerte ni impuesta, sino que respete y potencie el skyline de ese area de la ciudad. Un perfil de sección variable: una piel que envuelva al edificio en un zig-zag ritmado. Los despuntes y brotes variables reducen la escala adaptándose a un entorno residencial de alturas variables. La visión externa y lejana del edificio refleja el flujo de personas. La calle interior y los ascensores panorámicos enseñan, ya desde la cercana Avenida Marítima, el constante trasiego de visitantes.

In taking its place in the city the building embraces its role as a hinge between the historic heart of the city and the neighbourhood of San Cristóbal, a prototype of modern urban planning in the 1960s.

We have not sought to make its organizational structure offer an excessively strong or imposed image, but to respect and enhance the skyline of this part of the city. A profile with a variable section: a skin that envelops the building in a rhythmic zigzag. The variable shoots and outgrowths reduce the scale, adapting to a residential setting of variable heights. Seen from a distance, the building's exterior reflects the flow of people. The interior street and panoramic lifts render the continual coming and going of visitors visible from the nearby Avenida Marítima.

fachada oeste

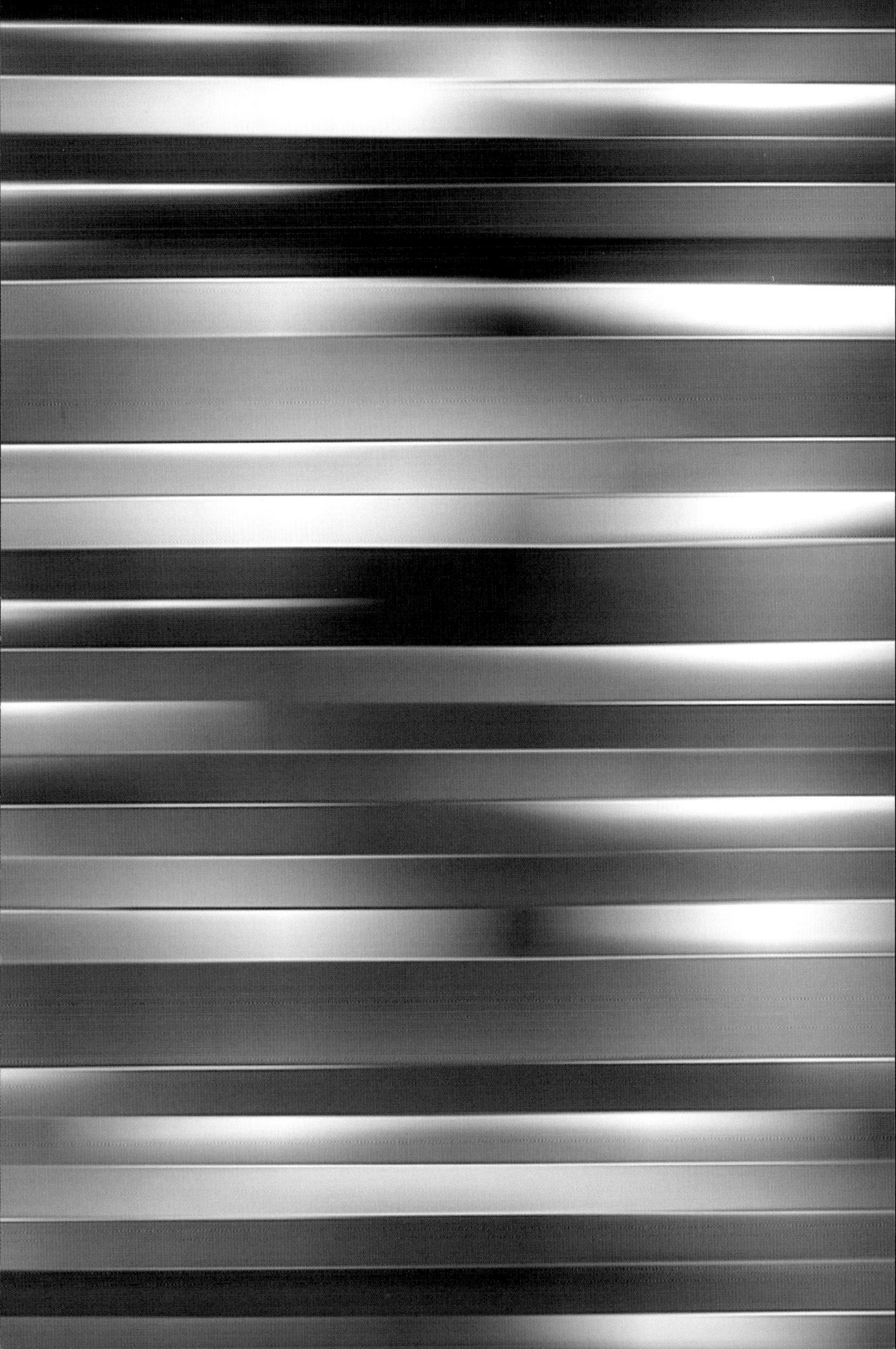

Mirando hacia el casco histórico o hacia la Catedral o al llegar a la gran plaza de acceso, un volado de gran envergadura realiza un gesto de acogida amable al público que penetra en su interior. Una vez dentro, aparece una amplia calle acristalada, como continuación del espacio urbano, ritmada por patios ajardinados que resuelven la iluminación natural y la ventilación de la planta baja, la de más afluencia de público.La estructura de funcionamiento es más la de una ciudad que la de un edificio único. Desde esta gran calle interior se accede al sistema de comunicaciones verticales de cada edificio judicial.

Looking toward the old town or the Cathedral or arriving in the great access plaza, a very large cantilever makes a gesture of friendly welcome the people entering inside. In the interior a wide glazed street acts as a continuation of the urban space, its rhythm marked by landscaped patios that provide natural light and ventilation to the ground floor, the floor that receives most visitors. The functioning structure is more like that of a city than of a single building. The great interior street gives access to the vertical communications system serving each of the judicial buildings.

Pieles técnicas

Mediadoras entre el edificio y su entorno, mutantes e interactivas con el medio
Capaces de captar y emitir energía. Textura producida por la sobreimpresión de tramas.
Tejido que forma aguas. Vidrios serigrafiados sobre muros de hormigón.

Technical skins

Mediators between the building and its surroundings, mutant and interactive with the environment. Capable of receiving and emitting energy. Texture produced by the overprinting of sections. Fabric that forms folds. Screen-printed glazing on concrete walls.

Por último, tratar de lograr una imagen austera y equilibrada, un edificio blanco y cristalino que simbolice a la verdad y la justicia, pero sin renunciar a su carácter representativo; próximo al ciudadano pero manteniendo la distancia del respeto a la institución. Perseguir una imagen rotunda pero fragmentada, transparente y opaca, horizontal y vertical a la vez. De aquí el lema propuesto: Uno es Muchos. Un edificio común que contiene a otros íntimamente vinculados, pero también un concepto: la aceptación de la diversidad y de lo múltiple entendiendo que, efectivamente, "uno es uno y muchos a la vez" (del diccionario Metápolis).

Finally, there is the aim of achieving a balanced austere image, a white crystalline building that symbolizes truth and justice, but without renouncing its representative character; close to the citizens, but maintaining the distance of respect for the institution. The pursuit of a forthright but fragmented image, transparent and opaque, horizontal and vertical at the same time: hence the proposed motto: 'One is Many'. A communal building that contains others, intimately linked, but also a concept: the acceptance of diversity and multiplicity, understanding that "one is indeed one and many at the same time" (from the Metapolis Dictionary).

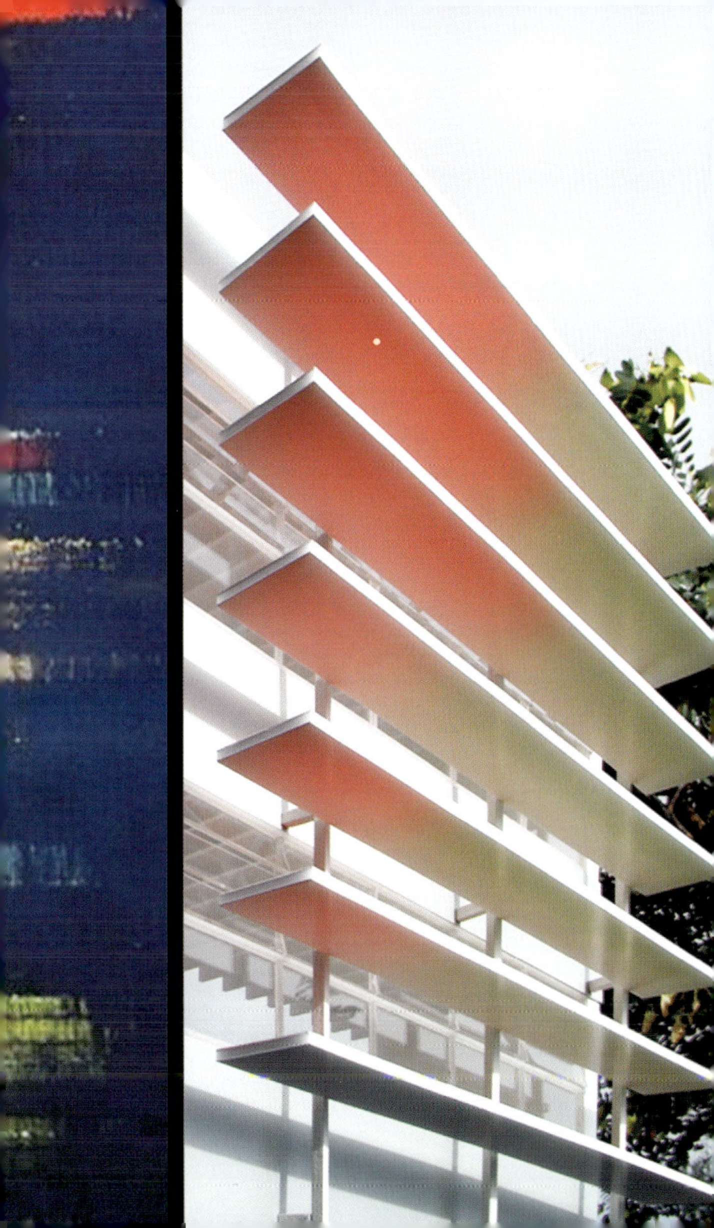

Edificio Administrativo, Fundación Loyola, 2003
Arquitecto:
José Antonio Sosa + Base Ingeniería y Arquitectura

El nuevo edificio administrativo ocupa una pequeña parcela del barrio histórico.
Una de sus fachadas se abre al Atlántico, aquí ya sin la protección marítima del puerto y por lo tanto, desguarecido y abierto. Pero también se abre esta fachada a la principal arteria de tráfico de la ciudad, muy ruidosa y potente (Avenida Alcalde Díaz-Saavedra); generando un conflicto entre el ruido ensordecedor que esta vía produce y el disfrute, desde el interior, de vistas muy directas sobre el mar de naciente. Esta doble coincidencia -el ruido y las vistas- condicionó la forma inicial del proyecto, de apertura controlada y piel metálica no tersa.

The new administrative building occupies a small plot in the historic part of the city.....................................
One of its façades opens onto the Atlantic Ocean, here without the shelter of the port and thus exposed and open. But this façade also opens onto the city's main traffic artery, the very noisy and imposing Avenida Alcalde Díaz-Saavedra, generating a conflict between the deafening noise produced by the traffic and enjoyment of the very direct views from the interior over the sea to the East. This dual coincidence the noise and the views conditioned the initial form of the project, with its controlled opening and non-sheer metal skin.

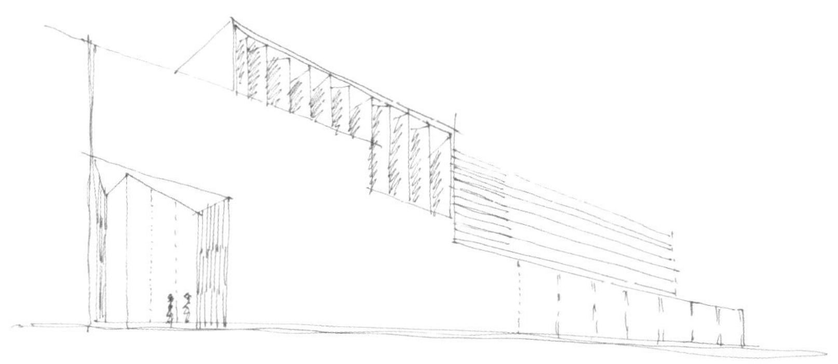

La otra fachada, a poniente, abre directamente sobre el patio del colegio donde juegan y practican deportes los niños, quienes han de ser salvados de las vistas directas de los usuarios del nuevo edificio. Esta especial circunstancia llevó a la disposición de persianas (de colores intensos) y brise-soleil invertidos respecto a lo que sería su posición habitual.

El programa se desarrolla en cinco plantas, organizadas con el máximo de contingencia distributiva para permitir futuros cambios. El pavimento es continuo, la estructura de grandes luces y la tabiquería organizada como un conjunto de cajas frente al resto de los espacios continuos y abiertos. Los espacios administrativos se organizan como "cubículos" contingentes en el interior de un armazón virtual.

Vestíbulo de entrada

Fachada desde la avenida marítima

CONDICIONES DE CONTORNO

El conflicto queda establecido por la aparente incompatibilidad entre la teórica extensión hasta el infinito de las organizaciones de campo o isotrópicas, que llevan aparejadas casi siempre la disolución o imprecisión de sus limites, y la necesaria definición de un contorno preciso, capaz de generar, mediante la nueva intervención arquitectónica, un nuevo lugar o de construir un nuevo ambiente: ¿Cómo controlar el limite sin romper la idea de infinito?

Boundary condition

The conflict is established by the apparent incompatibility between the theoretical extension to infinity of the field or isotropic organizations, which almost cases always entail the dissolution or imprecision of their limits, and the need to establish a precise boundary capable of generating, by means of the new architectonic intervention, a new place, or constructing a new environment. How to control the limits without losing the idea of the infinite?

CONDICIONES DE CONTORNO

Plaza de los Derechos Humanos y Aparcamiento en la calle Venegas

Master Plan del Frente Marítimo de Puerto Del Rosario.Fuerteventura

Plaza de los Derechos Humanos y Aparcamiento en la calle de Venegas. 2001 - 2006
Arquitectos:
Magüi González + José Antonio Sosa + Miguel Santiago.
1º Premio Concurso de Proyecto y Obra.

Una gran plaza urbana de 12.000 m2 situada en el corazón administrativo de la ciudad. Rodeada de edificios heterogéneos de uso intenso. Un lugar palpitante y de límites difusos. Debajo, 700 plazas de aparcamiento distribuidas en tres plantas bajo el nivel del mar.

A large, 12,000m2 urban square in the administrative heart of the city, surrounded by heterogeneous intensively used buildings; a vibrant place, with diffuse limits. Beneath this, 700 parking spaces are distributed on three levels below sea level.

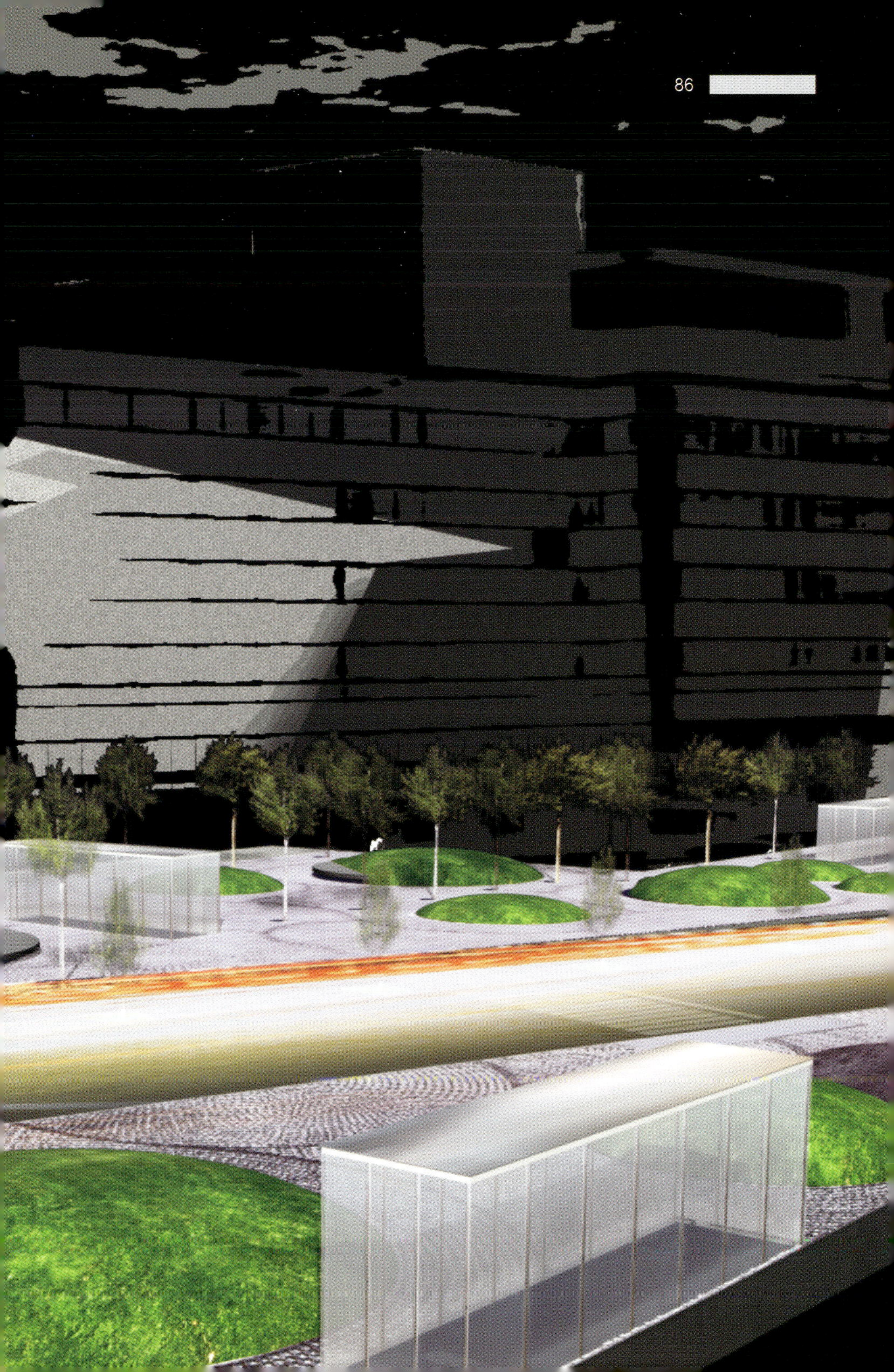

El concepto: ¿cómo localizar una pauta de proyecto capaz de funcionar en un entorno tan complejo? Una de las reflexiones que sirven de base al proyecto es la de "condición de contorno".

The concept: how to locate a project model capable of functioning in such a complex setting? One of the reflections that provide the basis for the project is that of 'boundary condition'.

2-053
2-054
2-056
2-057
2-059
2-060

40
40
P LIBRE
BUS
SOLO

Se trata de una investigación sobre el límite en las estructuras isotrópicas. Este concepto nos sirve de pauta. Una estructura de burbujas emergentes construye una trama regular, teóricamente homogénea y fuerte que podría extenderse hasta el infinito, pero que es cortada por el borde irregular de la parcela. Tratamos de alcanzar una estructura que se mantenga identificable aún en las más duras condiciones de recorte de sus bordes; funcionando y siendo legible aún con un entorno complejo, heterogéneo y muy dinámico.

This is an investigation of the limit in isotropic structures. This concept serves us as a model. An structure of projecting bubbles configures a regular grid, theoretically homogeneous and strong enough to be extended to infinity, but cut off by the irregular edge of the plot. We have tried to achieve a structure that remains identifiable even in the harshest conditions of the cutting of its edges; functioning and legible even in a complex, heterogeneous and extremely dynamic setting.

Master Plan del Frente Marítimo de Puerto del Rosario Fuerteventura

Arquitectos:

Magüi González + José Antonio Sosa + Miguel Santiago

1º Premio, Concurso Nacional 2005

Puerto del Rosario está a punto de convertirse en una ciudad global. Un nuevo tipo de ciudad alejada de planteamientos históricos. Experimenta un rápido crecimiento con mezcla de poblaciones de diferentes procedencias; pocos son los oriundos; casi no tiene huellas de su historia: quizás la mas importante sea su omnipresente relación con el mar.

Puerto del Rosario is on the point of becoming a global city a new kind of city remote from historical premises. It is experiencing rapid growth, with a mix of populations of different origins, few of which are native; there are almost no traces left of its history: perhaps the most important is its omnipresent relationship with the sea.

esponja de mar

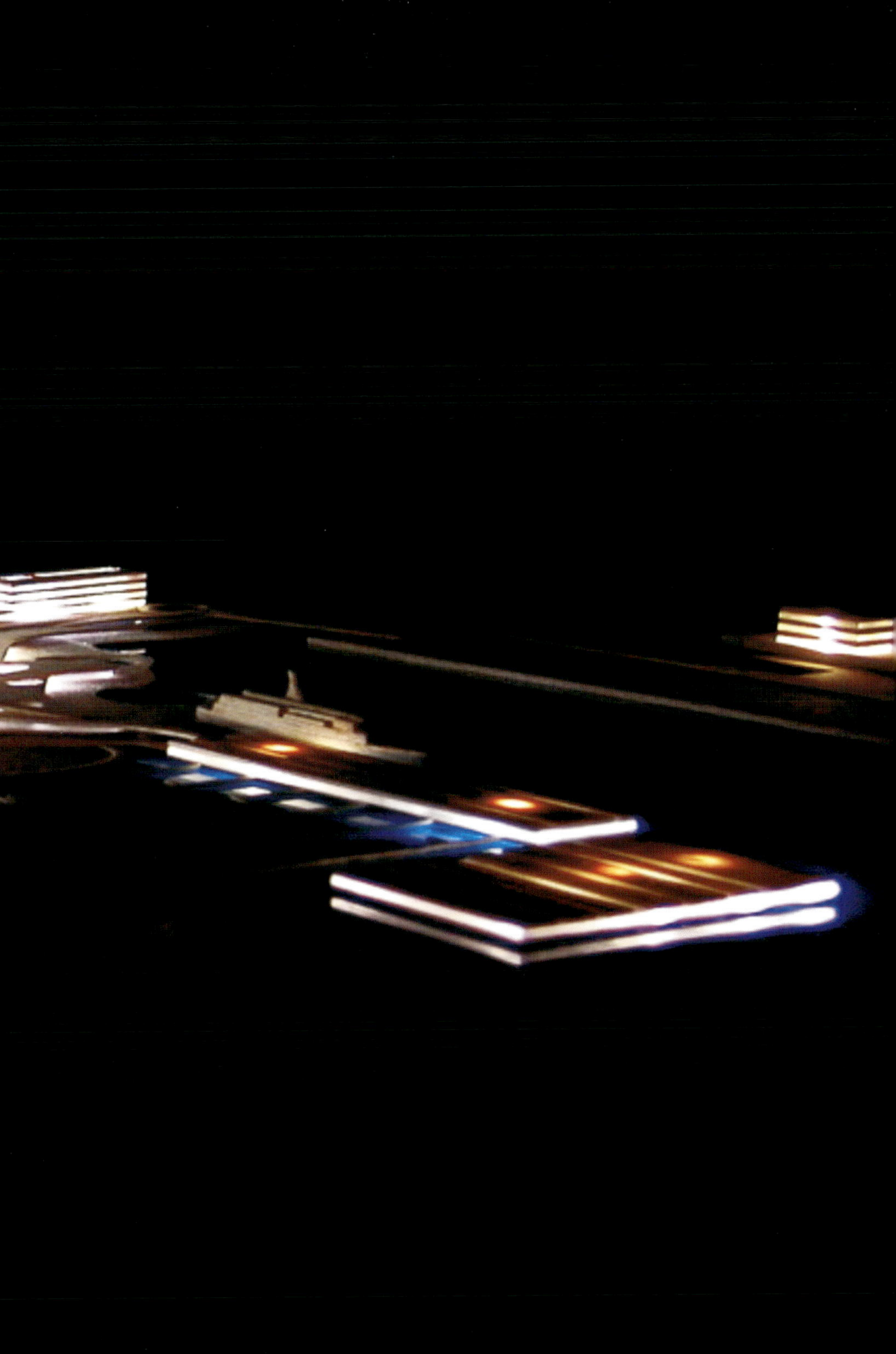

Y quizás sea aquí donde radica su principal virtud. Una ciudad de estas características necesita una serie de intervenciones que la catapulte al listado de ciudades con carácter, con"glamour".

Ciudades en las que el espacio urbano esté conformado en torno al mar, alrededor de las plazas de agua de su bahía y sus puertos, como Oporto, Mónaco, Venecia, Niza.

Puerto del Rosario debería tratar de evitar errores cometidos en otras ciudades. Sostener el crecimiento indefinido del puerto comercial en su emplazamiento actual ahogará el horizonte marino; robará el mar a la ciudad. Pero, por otra parte, tampoco es concebible una propuesta utópica que deje a la isla sin abastecimiento marítimo en un corto plazo.

Tratamos de dar respuesta a este debate entre crecimiento y sostenibilidad. Para ello se hace necesario un planteamiento no estático ni finalista del proyecto, sino su desarrollo por tiempos sucesivos. Por esto planteamos un proyecto desarrollado por fases. Un puerto es el resultado de un proceso largo; tanto como el de la ciudad a la que se une. No se hace de la mañana a la noche, ni tampoco se desmonta de la mañana a la noche.

And here, perhaps, lies its principal virtue. A city of these characteristics needs a series of interventions that will catapult it into the list of cities with character, with 'glamour'.

Cities in those which the urban space is configured around the sea, around the marine plazas of their bays and their harbours, like Porto, Monaco, Venice, Nice...

Puerto del Rosario must try to avoid making the mistakes of other port cities. Maintaining the indefinite growth of the commercial port in its present location will destroy the maritime horizon; it will rob the city of the sea. At the same time, however, a utopian proposal that would leave the island without sea-borne supplies in the short term is equally inconceivable.

We set out to come up with a response to this debate between growth and sustainability. This called for a conception of the project that was neither static nor for all time, but capable of development over successive periods. To this end we posited a project to be implemented in phases. A port is the result of a long process; just like the city to which it is joined. It does not come into being overnight, nor can it be dismantled from one day to the next.

Cem
+5.5
0,00

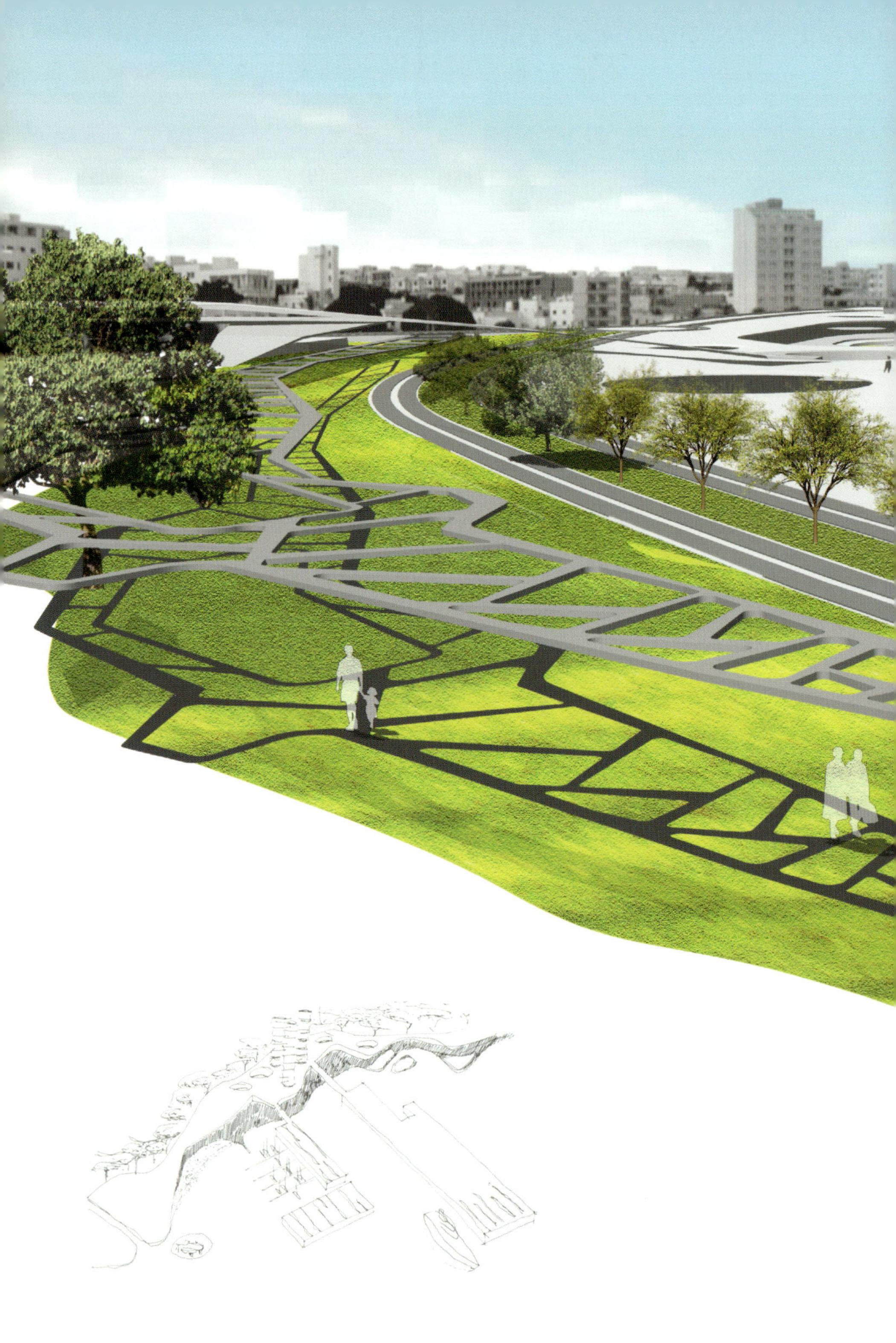

RECICLAJES

Reciclar, más que rehabilitar o reconstruír.

Reciclar es: iniciar un nuevo ciclo a partir de lo viejo.

Reconstruir: volver a construir lo que ya existió.

Rehabilitar: habilitar una construcción decadente.

Recyclings

Recycle, rather than rehabilitate or reconstruct.

To recycle is: to initiate a new cycle on the basis of the old.

To reconstruct: to construct anew what already existed.

To rehabilitate: to fit out a decaying construction.

RECICLAJES

Casas Consistoriales

Gabinete Literario

Concurso Teatro Pérez Galdós

Casa Ruiz

En una ciudad de topografía tan compleja como Las Palmas, la cubierta juega un papel importante, los edificios representativos emergen sobre el mar de azoteas destacándose contra el cielo, la Catedral, el Gabinete Literario, el CAAM, las Casas Consistoriales.

Las cubiertas no solo son emergencias visibles desde los riscos que la rodean o desde los nudos elevados de tráfico, sino que fundamentalmente son observatorios del casco histórico .

In a city with a topography as complex as that of Las Palmas, the roof has an important role. The representative buildings rise out of the sea of flat roofs, silhouetted against the sky: the Cathedral, the Gabinete Literario, the CAAM, the City Hall.

Roofs are not only projections visible from the surrounding heights or from the elevated traffic interchanges, they are also and fundamentally observatories of the historic town centre.

Palomares, lucernarios, torreones y demás elementos emergentes de las azoteas han sido históricamente elementos que dotan de significación a los edificios y que además, han servido de mediación con el exterior: desde ellos se divisaban los barcos que se acercaban a la isla, se observa el paisaje de toda la ciudad .

Igual que un espacio expositivo puede modificarse al insertar en él una instalación, el espacio urbano puede redefinirse y transformarse poniendo en evidencia órdenes ocultos cuando se superponen, sobre su masa fragmentada y heterogénea, determinados elementos referenciales.

Introduciendo unos artefactos en las cubiertas de determinados edificios históricos se genera una nueva definición del paisaje urbano. Estos se entienden como dispositivos de mediación entre las afueras - el paisaje natural - y la ciudad entendida como paisaje artificial. Relaciones topológicas de posicionamiento se oponen a las tradicionales jerarquías de la ciudad histórica: lo invisible se hace visible.

Dovecots, skylights, towers and other features projecting from the flat roofs have historically been elements that give buildings significance, and have also served to mediate contact with the exterior, from which to spy boats approaching the island and take in the landscape of the whole city.

Just as an exhibition space is changed by the setting up of a particular installation, the urban space can redefine and transform itself, revealing hidden orders when certain referential elements are superposed on its fragmented and heterogeneous mass.

The introduction of artefacts on the roofs of certain historic buildings generates a new definition of the urban landscape. These artefacts can be seen as mechanisms of mediation between the outskirts the natural landscape and the city as artificial landscape. Topological relations of positioning are opposed to the traditional hierarchies of the historic city. The invisible becomes visible.

CONSTRUIR AMBIENTES

Cuando se rechaza el objeto en favor del contexto

Surgen del "environment" y "assemblaje" de los años 60 , nos movemos dentro de y alrededor de

El espectador deja de situarse frente al objeto para situarse en el objeto

Genera la participación del espectador: explora el espacio que le rodea y los objetos que se sitúan en él.

CONSTRUCTING ENVIRONMENTS

When the object is rejected in favour of the context

They emerge from the 'environment' and 'assemblage' of the 1960s. We are moving inside and around

The spectators stop situating themselves in front of the object to situate themselves move in it.

It generates the participation of the spectators: they explore the space around them and the objects situated in it.

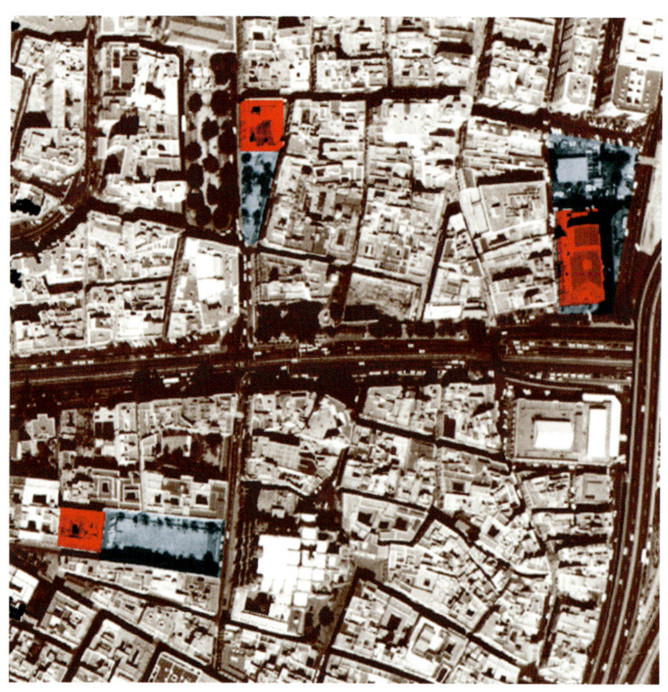

TRES PROYECTOS DE REHABILITACIÓN, casco Histórico de Vegueta. Las Palmas de G. C.
GABIENTE LITERARIO. 1997, CASAS CONSISTORIALES. 1998, TEATRO PÉREZ GALDÓS. 1997

ESTRUCTURAS DE ADAPTACIÓN Y POSICIONAMIENTO

Mediante una operación estructural generamos interrelaciones entre diversos puntos de la ciudad.

La ciudad y sus monumentos no como objetos arquitectónicos sino como parte de un sistema posicional; como instalación.

STRUCTURES OF ADAPTATION AND POSITIONING

By means of a structural operation we generate interrelationships between various points around the city.

The city and its monument: not as architectural objects but as part of a positional system; as installation.

Isamu Noguchi Garden Museum

Proyecto de Rehabilitación de las Casas Consistoriales.
Arquitectos:
Magüi González + José Antonio Sosa
1° Premio, Concurso Nacional 1998

El edificio de las Casas Consistoriales, hasta ahora, estaba vacío de contenidos funcionales pero lleno de contenidos representativos. Se encuentra alejado del actual centro administrativo de la ciudad pero en el centro mismo de su corazón histórico.

The Casas Consistoriales City Hall building has, until now, been void of functional contents, but full of representative contents. It stands outside of the present-day administrative centre of the city, but at the heart of its historic centre.

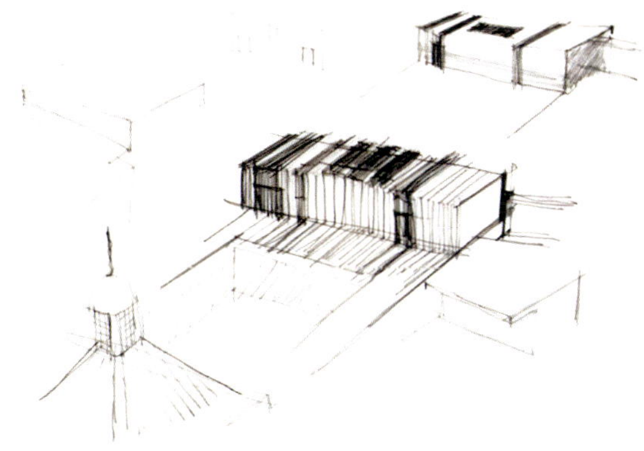

Plaza de Santa Ana

Debido a estas circunstancias los usos que se proponen en la rehabilitación parecen complementarse bien: Un centro de interpretación del casco histórico unido a la potenciación del uso representativo municipal.

El Centro de Interpretación del casco histórico orientará al visitante acerca de la historia y la cultura de la ciudad primigenia en cuyo corazón se sitúa. Una visita sistematizada del casco histórico de Vegueta comienza habitualmente por la plaza de Santa Ana, lugar emblemático por excelencia de la arquitectura histórica de Canarias.

Si el Centro de Información y Exposiciones le aporta continuidad de uso al edificio, el uso municipal, por su parte, le aporta el valor de lo representativo que siempre le correspondió al edificio. La permanencia del Salón de Plenos, tanto para reuniones políticas como para la celebración de eventos municipales y de la propia Alcaldía -a la que ahora se añade el Salón de Recepciones- hacen que el edificio conserve su carácter representativo como centro administrativo principal de la ciudad.

Destinar este edificio sólo a Centro de Información o pequeño Museo sería banalizarlo excesivamente; utilizarlo sólo esporádicamente para reuniones políticas sería mantenerlo vacío de contenido y condenarlo al abandono actual.

In view of these circumstances, the uses proposed in the rehabilitation seem to complement one another well: an interpretation centre for the historic part of the city combined with the enhancement of its representative municipal use.

The Interpretation Centre in the historic quarter will introduce visitors to the history and culture of the original city in whose heart of it stands. A structured tour of the historic Vegueta neighbourhood usually starts in the Plaza de Santa Ana, supreme emblematic nucleus of the historic architecture in the Canary Islands.

While the Information and Exhibitions Centre gives the building continuity of use, its municipal use gives it the representative value that has always attached to this building. The retention of the Council Chamber now with the addition of the Receptions Chamber for council meetings and for the celebration of municipal events and the mayoralty itself ensures that the building conserves its representative character as the main administrative centre of the city.

Turning this building into a mere Information Centre or a small museum would trivialize it unduly. Using it only sporadically for council meetings would keep it empty of content and condemn it to its present neglect.

Oficina de información al turista.Centro de Interpretación del casco histórico

Planta 3ª. Sala de exposiciones temporales.

Salón de Plenos. ala sur

Salón de recepciones. ala norte

SALIDA

Una alfombra de madera replegada

La cubierta se limpia de todos los añadidos que históricamente había ido adquiriendo. Constituye un excelente mirador sobre el barrio de Vegueta; se propone como espacio visitable; como parte del recorrido del museo de sitio.

The roof is cleared of all the additions it has acquired in the course of its history will be removed. It provides an excellent vantage point overlooking the Vegueta neighbourhood; it is thus proposed as a visitable space, part of the tour of the museum.

Para la reconstrucción del patio, ultima fase del proyecto, consideramos que, si los ordenes son la abstracción de la cabaña, esta arquitectura es la abstracción del bosque. Un código de barras es también la abstracción de un bosque

For the reconstruction of the courtyard, the final phase of the project, we considered that if the orders of architecture are the abstraction of the cabin, this architecture is the abstraction of the forest. A bar code is also an abstraction of the forest.

Patio de las Casas Consistoriales.Estado actual.

Nueva propuesta

Gabinete Literario, 1998-2005
Arquitectos:
Magüi González + José Antonio Sosa
1º Premio Concurso Nacional

En el proyecto original de Fernando Navarro el volumen perfectamente ordenado del alzado a la calle de Malteses se diluía en su encuentro con el cielo mediante el empleo de una ornamentación compleja a base de guirnaldas.

In the original project by Fernando Navarro, the perfectly ordered volume of the calle de Malteses elevation was diluted in its encounter with the sky by the use of a complex ornamentation of floral motifs.

De este antiguo concepto nos interesa el de la pérdida o difuminación del edificio contra el cielo; el de la posible estrategia de su desaparición. Una reformulación de este interesante mecanismo se plantea mediante un cerramiento de vidrio templado con bandas degradadas desde el esmerilado más opaco al traslúcido en progresión ascendente a lo largo de la fachada.

What we found appealing in this old concept was the loss or dissipation of the building against the sky; the possible strategy of its disappearance. A reformulation of this interesting mechanism is posited as a skin of tempered glass with abraded bands in an ascending graduation from more opaque to translucent running the length of the façade.

JUEGOS DE AMOR Y DE AZAR
BASA
28

REMATE EVANESCENTE: DEL SÓLIDO AL GAS

Un cerramiento de vidrio templado, con bandas degradadas, desde el esmerilado más opaco al translúcido y transparente. A medida que asciende por la fachada reinterpreta la ornamentación compleja del proyecto original difuminándose contra el cielo.

La propuesta arquitectónica es básicamente una operación de acondicionamiento interior a las nuevas normas pero que trata de sacar ventajas del actual estado de abandono de su cubierta. Allí se propone concentrar usos alternativos, más frescos y contemporáneos, capaces de atraer hasta ella a un público más amplio. Estos se organizan parcialmente sobre una gran terraza al aire libre dónde celebrar eventos públicos.

The new architectonic scheme is basically an operation of interior refurbishment out to present-day standards that seeks to make the best of the neglected state of the roof. Concentrated here are fresh, contemporary alternative uses, capable to attracting a more diverse public. These uses are organized in part on an open-air flat roof where public events can be staged.

EVANESCENT CROWN: FROM SOLID TO GAS

A skin of tempered glass, with abraded bands, from more opaque to translucent and transparent. As this ascends the façade it reinterprets the complex ornamentation of the original project, shading off into the sky.

A la vez se sustituye un cuerpo ampliado en los años cincuenta. Las fachadas traseras del Gabinete Literario dónde se sitúa este cuerpo en la actualidad rematan mal. Una cubierta de madera inestable al fuego y unos huecos desconexos de la estructura compositiva general resuelven inadecuadamente esta ampliación de superficies del edificio que, por otra parte, es necesaria para el uso cultural del edificio.

In addition, an extension dating from the 1950s has been replaced. The rear façades of the Gabinete Literario, where this section is currently situated, terminates poorly. A fire-vulnerable timber roof and openings not connected to the general structure are an unsatisfactory resolution of this extension of the building's floor area, which is nevertheless necessary for the cultural use of the building.

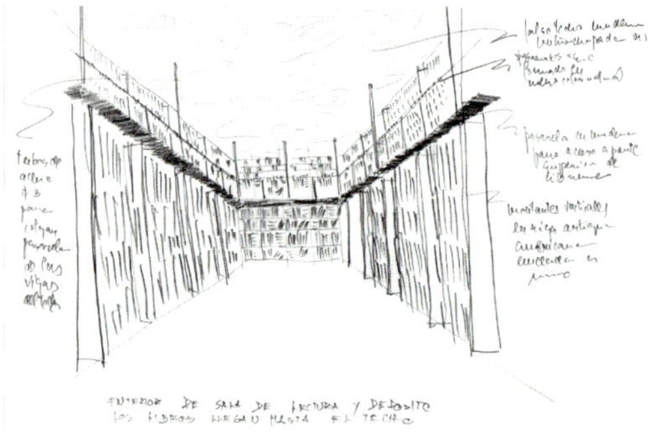

Rehabilitación de la biblioteca. Planta 3ª

Teatro Pérez Galdós
Arquitectos:
Magüi González + José Antonio Sosa
Concurso Nacional 1997

Irradiar: propiedades de ciertos microorganismos de emitir luz propia.
To irradiate: *the properties by which certain micro-organisms emit their own light.*

Flujo puntuado por **señales luminiscentes.**
*Flows punctuated by **luminescent signs.***

Encabalgamientos
Estrategias parasitarias de ocupación sobre lo existente, de apareamiento con lo antiguo. (Manuel Gausa. Diccionario Metápolis)

Enjambments
Parasitic strategies of occupation of the existing, of coupling with the old.

CASA RUIZ
Arquitecto:
Magüi González , Las Palmas 2006
Premio Oraá de Arquitectura 2006.
Finalista FAD 2006

Situada en un popular barrio de pescadores de San Cristóbal, en la isla de Gran Canaria , dentro de un paisaje dominado por la autoconstrucción y las chabolas, la casa se instala con apariencia de inacabada, como una chabola mas, a escasos metros de la orilla de callados y el mar .

This house, situated in a popular fishermen's quarter of San Critóbal on the island of Gran Canaria, in a landscape dominated by resident-built homes and shanties, the house with an unfinished look, like the shacks around it stands just a few metres from the pebble shore and the sea.

Se plantea como límite entre la autopista y el mar, cerrándose a la vía rápida mediante un muro ciego donde se ubica la escalera y se abre al mar mediante un espacio intermedio, una veranda acristalada ,a una cota mas baja, que sirve para muchas cosas, lugar de trabajo, cenar con los amigos y ver el mar.

The house is conceived as the limit between the expressway and the sea, shutting out the traffic behind with a blind wall on which the stairs are situated and opening to the sea by way of an intermediate space, a glazed veranda on the next level down that serves a number of functions: a place to work, have dinner with friends and look at the sea.

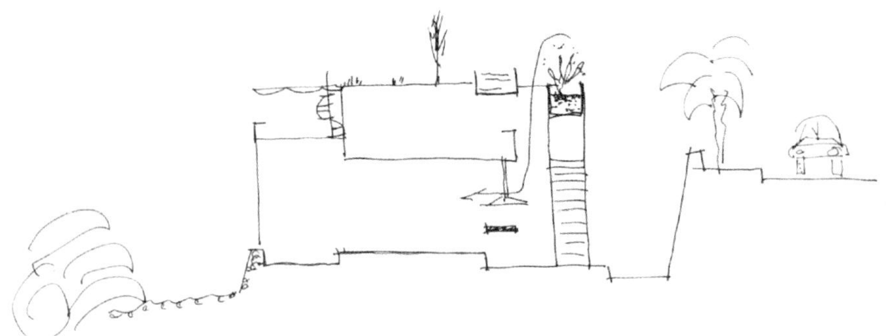

La fachada a la autopista tiene una textura estriada, en cemento, sobre la que el oxido de los vierteaguas en corten dejaría su huella con el tiempo en forma de surcos .En su parte superior, en una jardinera en cubierta, asoman unos cardones gigantes, como si la fachada fuera una enorme maceta .

El sistema constructivo utilizado , losas alveolares prefabricadas apoyadas en cuatro pilares metálicos centrales , permiten dejar libre de cargas dos antiguos muros de piedra sobrevivientes de una antigua casa , en la que quedan registrados los distintos estratos de sucesivas casas que se fueron superponiendo durante el siglo pasado .

Los acabados de la casa prácticamente coinciden con la estructura, el piso de cemento pulido en la misma capa de compresión de la losa es casi el único acabado interior.

The concrete façade facing the motorway has a striated surface that with the passage of time will be striped with rust from the Corten steel flashing. The giant cacti growing in a planter on the roof make the façade look as if it were a huge plant pot.

The construction system, with precast alveolar slabs resting on four central metal pillars, leaves two surviving stone walls of an older house free of load and revealing the different strata of the succession of houses superposed on one another here during the last century.

The finishes of the house are virtually those of its structure; the polished concrete on the compression layer of the floor slab is almost the only interior finish.

Destinada a un artista, se plantea como un único espacio en dos plantas y un sótano habitable, con gran altura y lo mas diáfano posible donde vivir y trabajar .

Son tres espacios equivalentes, uno en sótano, otro a nivel de la playa y otro en el nivel alto. Uno para video proyecciones, otro para estar y cocinar y otro para dormir además de una cubierta jardín con una piscina. Tres piezas habitables cuya función queda determinada por la ubicación de los escasos muebles de la casa, una cama, una mesa con sillas, dos sillones, un televisor y un video proyector.

Un desplazamiento de niveles en la planta baja forma tres ambientes, el lugar de la mesa de reunión, dando al mar, el estar situado 40cms mas alto, y la barra de trabajo de la cocina que queda a un nivel inferior del estar, este desplazamiento de nivel del estar permite unas hendiduras de luz y ventilación al sótano.

La barra de las cocinas forma dos niveles, uno de barra de comer y otro plano inferior de trabajo, que en días de fiesta se utiliza como mesa de DJ. Una hendidura de luz cenital ilumina desde arriba este ámbito de la cocina.

El sótano destinado a las video proyecciones y exposiciones de la obra del artista es un cubo de hormigón visto, también sirve eventualmente de dormitorio de invitados, su acceso queda oculto tras los armarios de la cocina.

Designed for an artist, the house is conceived as a single space laid out over two floors and a habitable basement, with high ceilings and as light and open as possible, in which to live and work.

These are three equivalent spaces, one in the basement, another at beach level and the other at the top. One for screening videos, one for living and cooking in and one for sleeping, together with a rooftop garden and a swimming pool. Three habitable rooms whose function is determined by the position of the few pieces of furniture a bed, a table and chairs, two armchairs, a television and a video projector.

A shift in levels on the ground floor creates three different settings: the space with the meeting table, looking out to the sea; the living room, situated 40 cm above this, and the kitchen counter, on the level below the living room. This shift in the level of the living room creates openings that bring light and ventilation into the basement.

The kitchen counter forms two levels: one for eating, and the other, lower level for working; a DJs desk is set up here for parties. A slit in the ceiling lets overhead light into this part of the kitchen.

The basement, designed for video screenings and exhibitions of the artist's work, is a cube of exposed concrete that can also be used as a guest bedroom, its door concealed behind the kitchen cupboards.

La casa da su cara   al mar formando un   patchwork con los elementos de la playa, base de piedras y hormigón, barandillas realizados con   redes de pesca, carpinterías en pino cuperizado y grandes cristaleras esmeriladas o transparentes. En una de ellas se recorta un "cut-out" de la artista Kirsten Mosel.

The house looks out to sea, forming a patchwork with the elements of the beach: base of stones and concrete, railings with fishing nets, copper-treated pine woodwork and large etched or transparent windows, in one of which is a cut-out of the artist Kirsten Morstel.

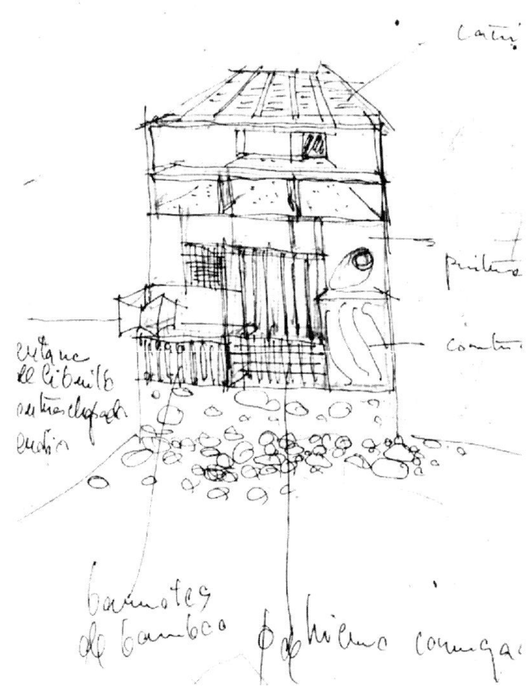

Regia
NiDO

En el desnivel se forma una mesa corrida a lo largo de la cristalera, donde ubicar todo lo necesario, TV, TF, ordenador etc con el mar como fondo. El baño totalmente acristalado excepto el WC se sitúa también a un nivel superior quedando a la altura de la terraza y dando la sensación de estarse bañando en la cubierta de un barco. El desnivel también define una gran bañera, calentada con paneles solares…

At the change in level a table running the full length of the windows accommodates such essentials as television, telephone and computer, with the sea in the background. The bathroom, totally glazed except for the WC is also situated one level higher, at the height of the terrace, creating the sensation of showering on the deck of a boat. This difference in levels also defines the large bathtub, its water heated by solar panels…

En la planta alta, una terraza formada por callados cogidos de la playa, y situada a un nivel superior del dormitorio permite la ilusión óptica de fundir la mirada con el horizonte y el mar, como si se hubiese subido a la terraza un trozo de playa.

Mediante una escalera marinera se sube a la cubierta desde la terraza del dormitorio, el buen clima y las vistas permiten una vegetación autóctona y adecuada a un clima marino : plantas crasas que necesitan poca agua, aulagas, cardones o magarza de costa, que junto con una piscina y una vela de barco crean un lugar en cubierta para el relax.

On the upper floor a terrace paved with pebbles from the beach and situated one level up from the bedroom creates the illusion of the eye losing itself in the horizon and the sea, as if a piece of beach had been brought up to the terrace.

A ship's ladder gives access to the roof from the terrace off the bedroom. The good climate and the sun and air favour indigenous maritime vegetation: succulent plants needing very little water, furze and cactus, which together with the pool and a sail awning create a perfect place to relax in.

graphical documentation/ **documentación gráfica**

Centro de Producción Artística La Regenta

Situación. Fecha[León y Castillo 247. Las Palmas de Gran Canaria. 2005
                  1º Premio Concurso Nacional
         Cliente[Gobierno de Canarias. Viceconsejería de Cultura y Deportes
     Arquitectos[Magüi González + José Antonio Sosa + Miguel Santiago
  Colaboradores[Arquitecto: José Luis Lorenzo
     Estructuras[Boma. Luis Moya
   Instalaciones[JG Ingenieros
       Maquetas[Teodoro de Pino carpintería con José Luis Novo. Arquitecto

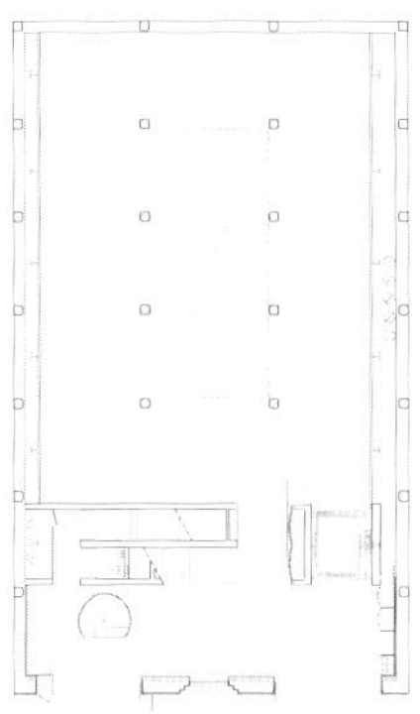

Planta Primera

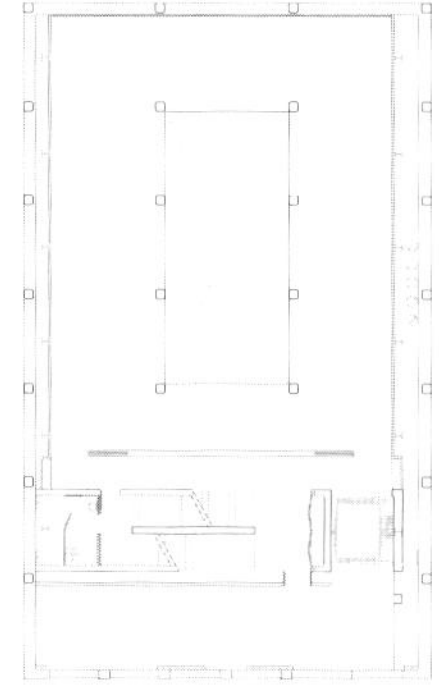

Planta Segunda

Planta Tercera

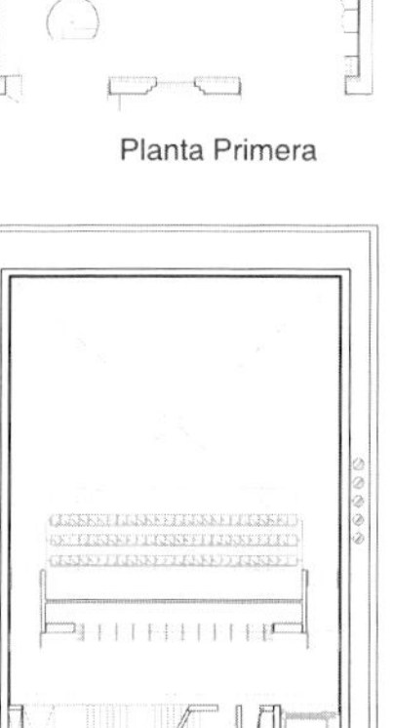

Planta Cuarta

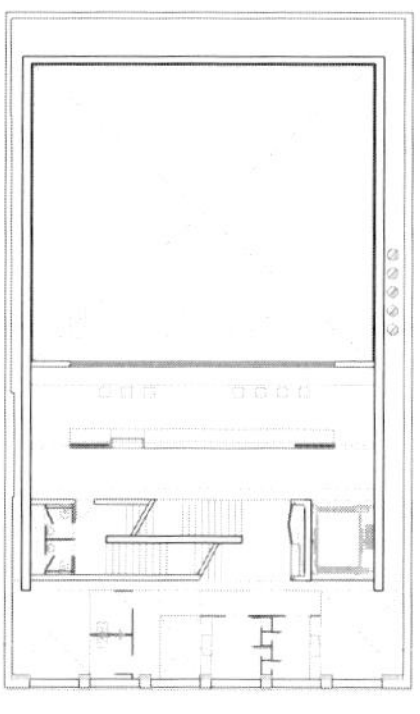

Entreplanta Cuarta

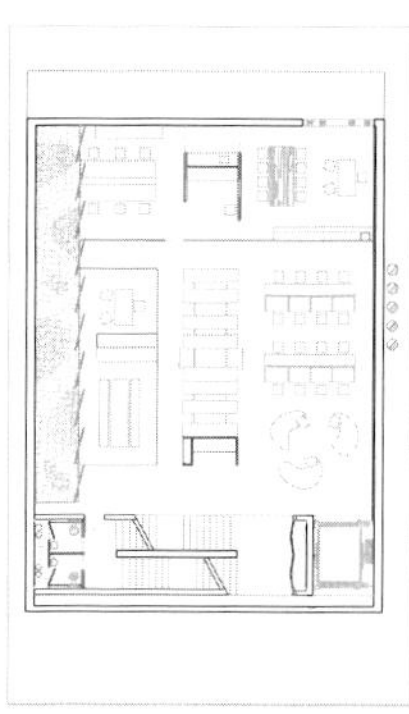

Planta Quinta

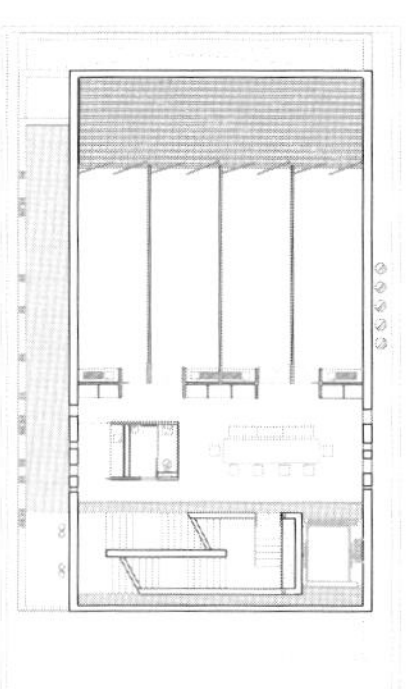

Planta Sexta

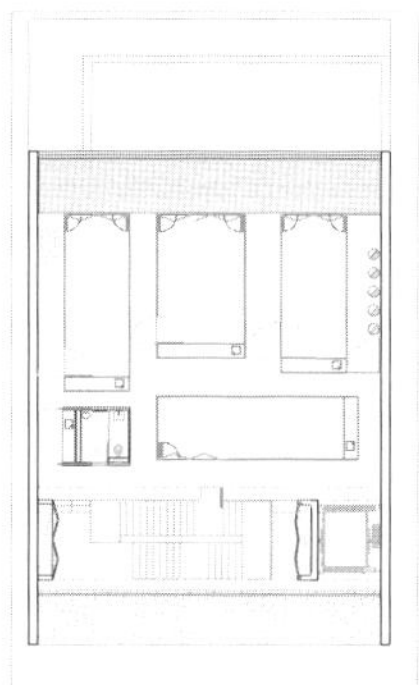
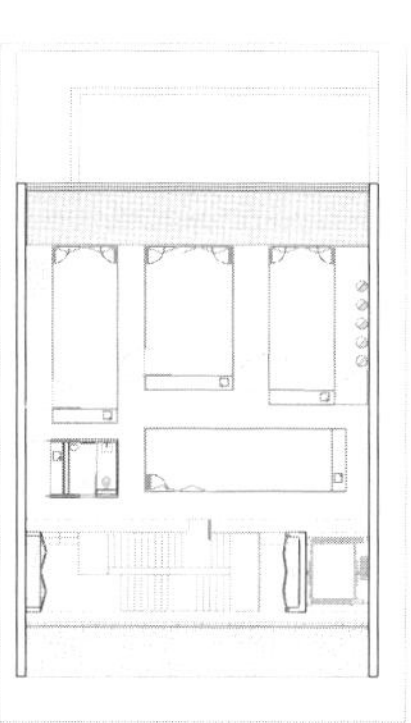

Planta Séptima

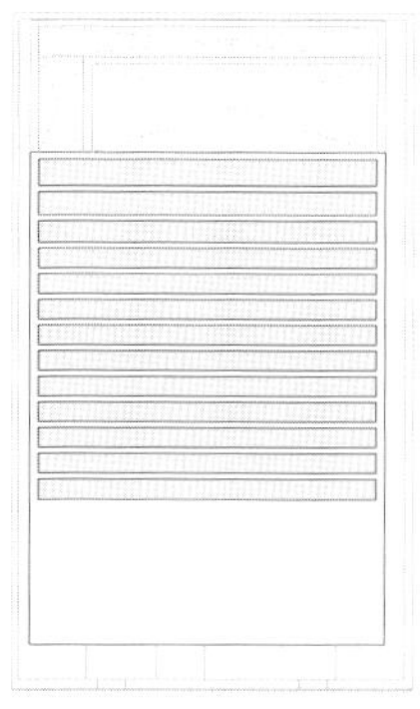

Planta Cubierta

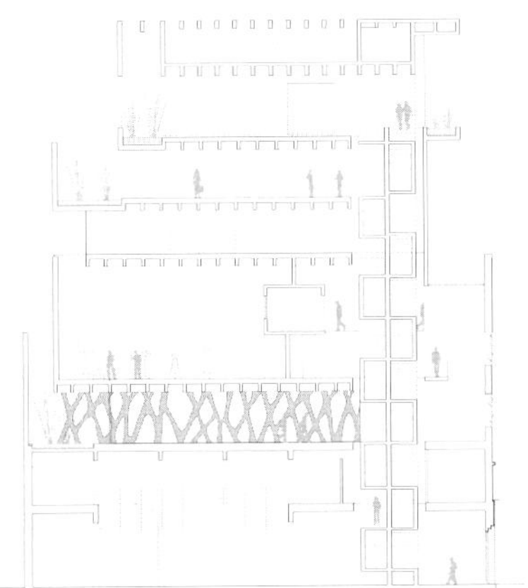

Sección Longitudinal

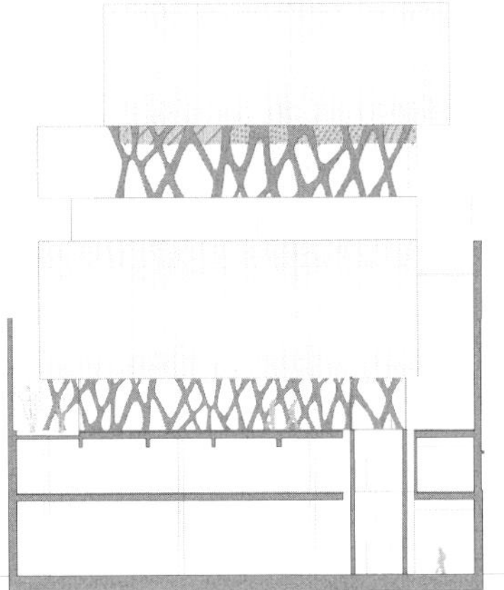

Sección - Alzado lateral

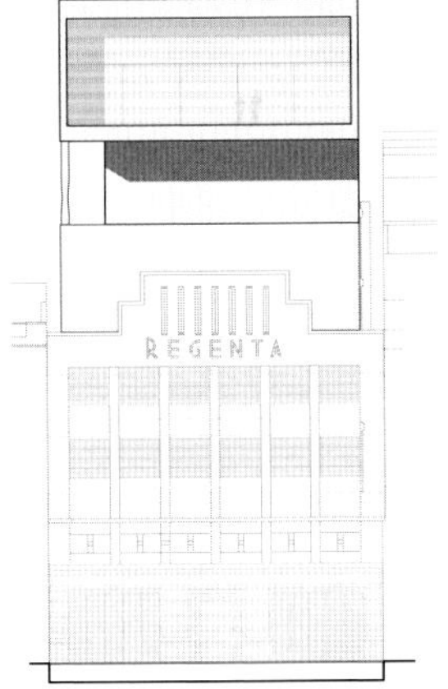

Alzado León y Castillo

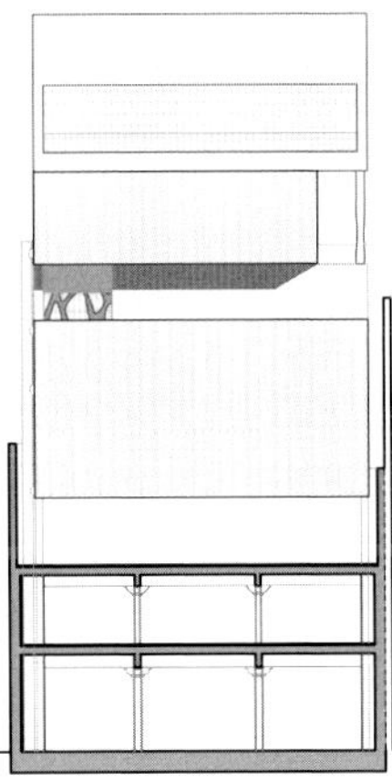

Sección - Alzado trasero

Ciudad de la Justicia de Las Palmas

Situación. Fecha[Calle Eufemiano Jurado esquina a Calle Málaga. 2003
1º Premio Concurso Nacional
Cliente[Gobierno de Canarias. Consejería de Presidencia y Justicia.
Arquitectos[Magüi González + José Antonio Sosa + Miguel Santiago
Colaboradores[Arquitectos: Juan José Martínez , Alexis López ,Alejandra Vera, Susanne M.A, Gerstberger, Daniel Hernández, Javier Cabrera, Guacimara Delgado, Juan Jurado. Sonia B. Rosa, Salvador José Padrón, Ruth Suárez, Saleta GómezCarmen Julia Catalá, Olga del Castillo.
Estructuras[BOMA + Reveriegos Asociados S.L.
Instalaciones[JG + RG10
Maquetas[Jorge Queipo
Aparejador[Teresa Bautista, Miguel Llinás,

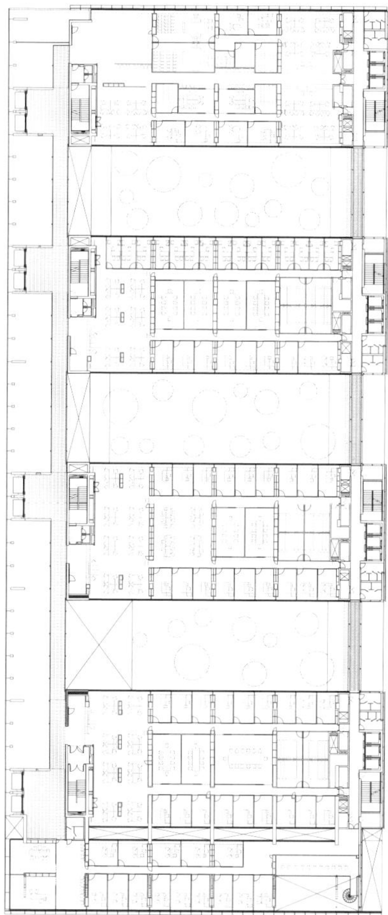

Planta Primera

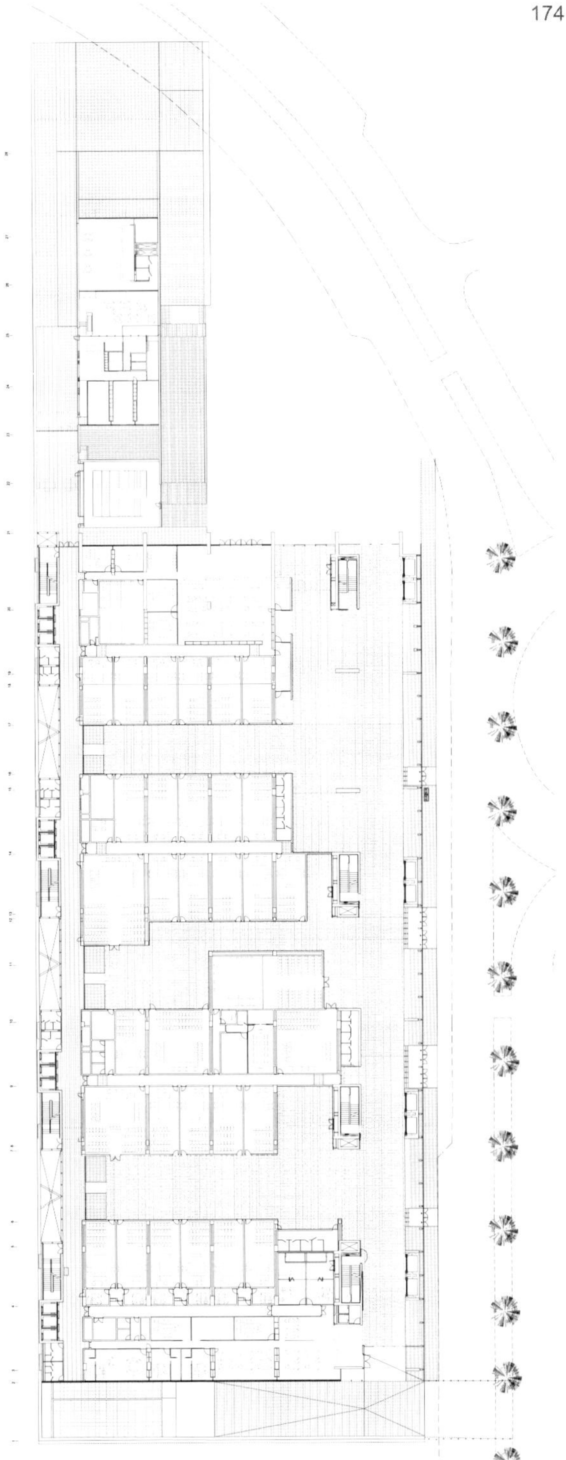

Planta Baja

Edificio Administrativo. Fundación Loyola

Situación. Fecha[Avda. Alcalde Díaz Saavedra. 2003 - 2005
Cliente[Fundación Loyola
Arquitectos[José Antonio Sosa + Base Ingeniería y Arquitectura
Estructuras[Carlos Castellano + Carlos Espino
Instalaciones[RG10 Ingenieros
Dirección de obra José Antonio Sosa + Base Ingeniería y Arquitectura
Aparejador[Adolfo González
Constructora[Dragados y Construcciones

Planta Primera

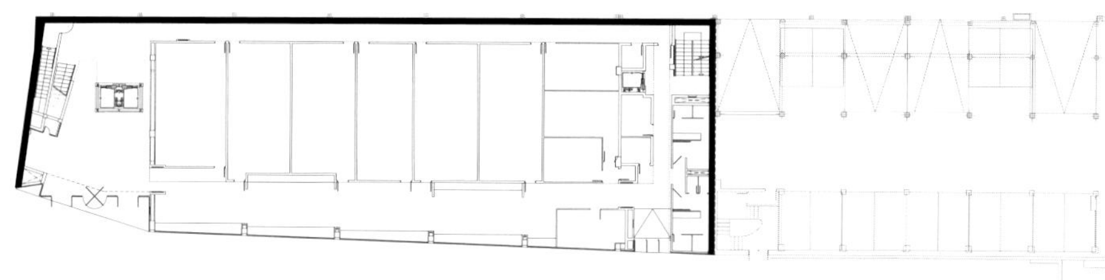

Planta Baja

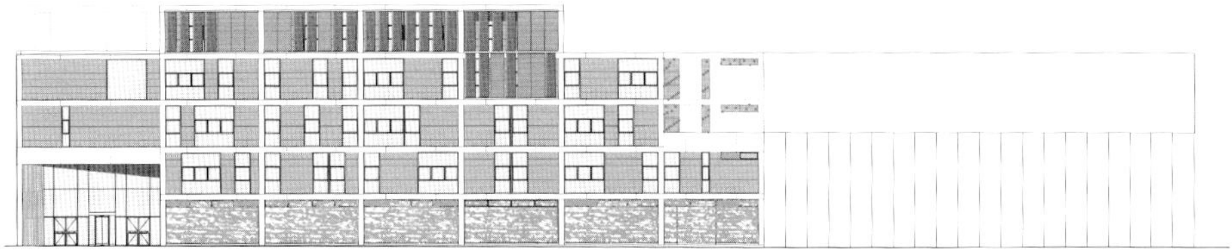

Alzado Avda. Alcalde Díaz Saavedra

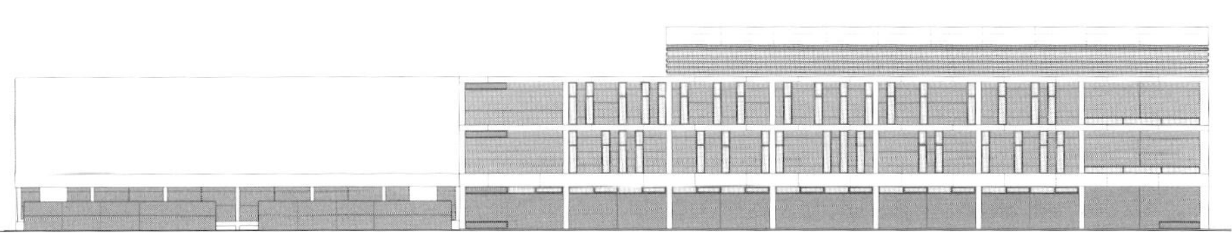

Alzado Interior

Plaza de los Derechos Humanos y Aparcamiento en la calle Venegas

Situación. Fecha[Calle de Venegas. 2006
1º Premio Concurso de Proyecto y Obra
Cliente[INPROCANSA
Arquitectos[Magüi González + José Antonio Sosa + Miguel Santiago
Colaboradores[Javier Haddad (infografías)
Estructuras[Reveriego Asociados S.L.
Instalaciones[Ignacio Gimeno
Maquetas[Teodoro del Pino con Rubén Ginorio
Dirección de obra[Magüi González + José Antonio Sosa + Miguel Santiago
Aparejador[Miguel Llinás,
Constructora[INPROCANSA

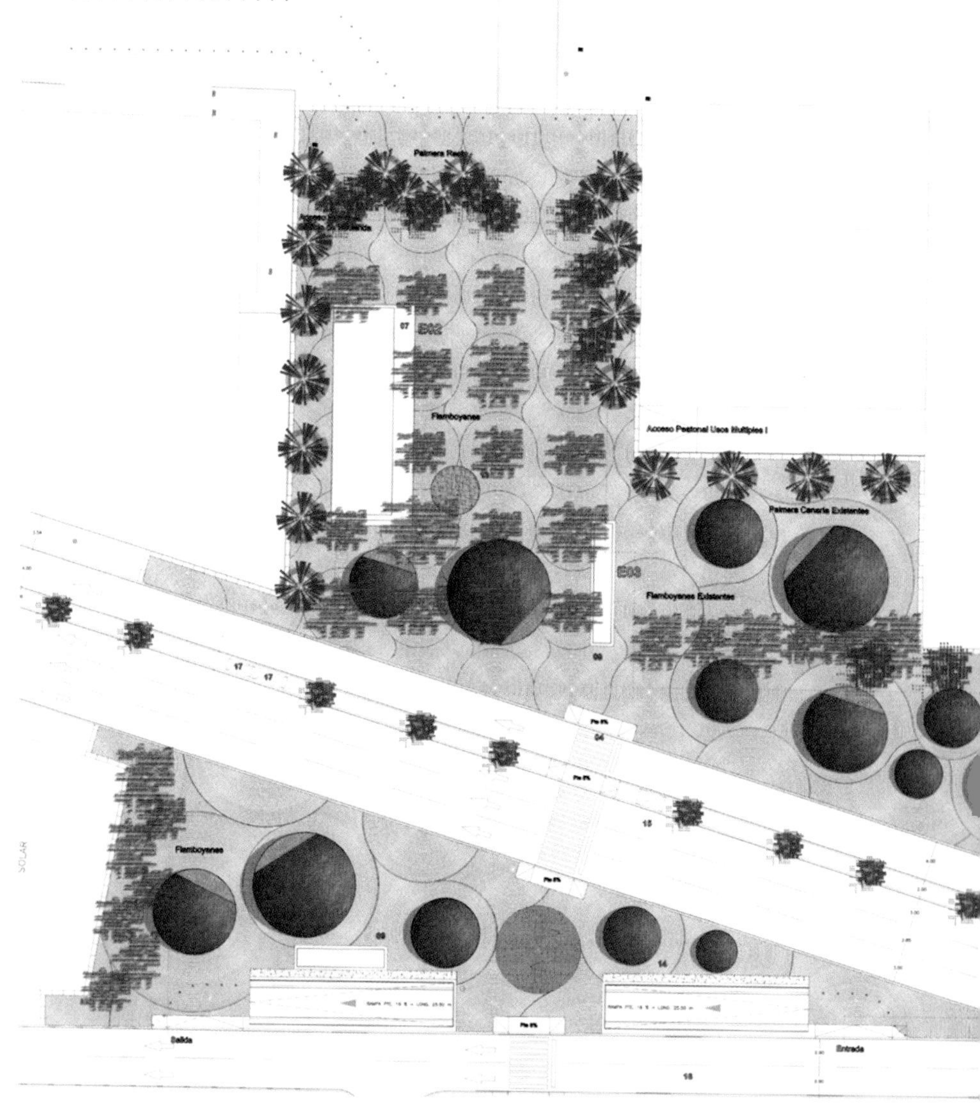

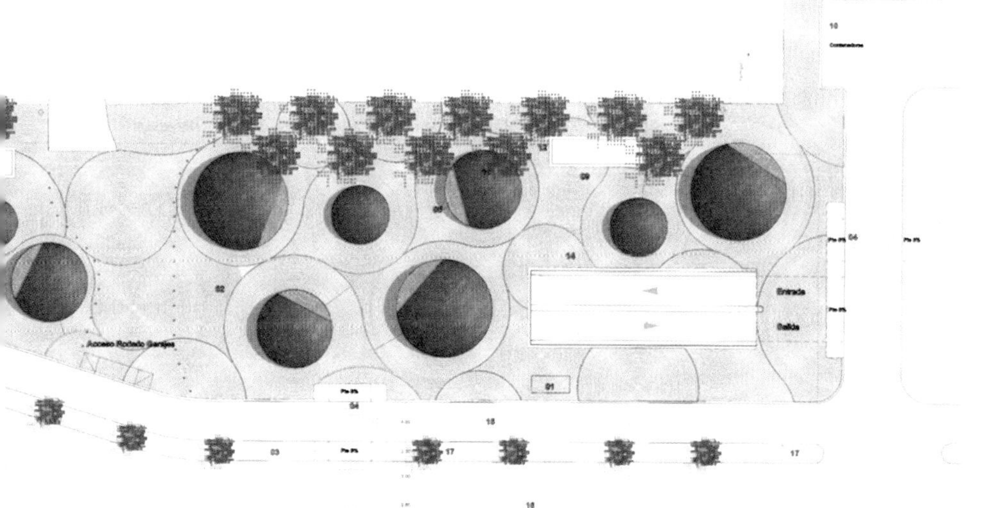
Contraductura
10
Entrada
Salida
Acceso Rodado Garajes
Pza. Pública
Pza. Pública
01
02
03
04
09
14
17
17
18
19

Master Plan del Frente Litoral de Puerto del Rosario. Fuerteventura

Situación. Fecha[Frente Marítimo de Puerto del Rosario. 2004
1º Premio Concurso Nacional
Cliente[Autoridad Portuaria de Las Palmas
Gobierno de Canarias
Ayuntamiento de Puerto del Rosario
Cabildo de Fuerteventura
Arquitectos[Magüi González + José Antonio Sosa + Miguel Santiago
Colaboradores[Oscar Hidalgo, Ramón Cruz, Javier Cabrera, Guacimara Delgado y José Luis Novo.
Ingeniería[Trama Ingenieros S.L.
Maquetas[Oscar Hidalgo, Javier Cabrera, Guacimara Delgado y Teodoro del Pino con Rubén Ginorio.

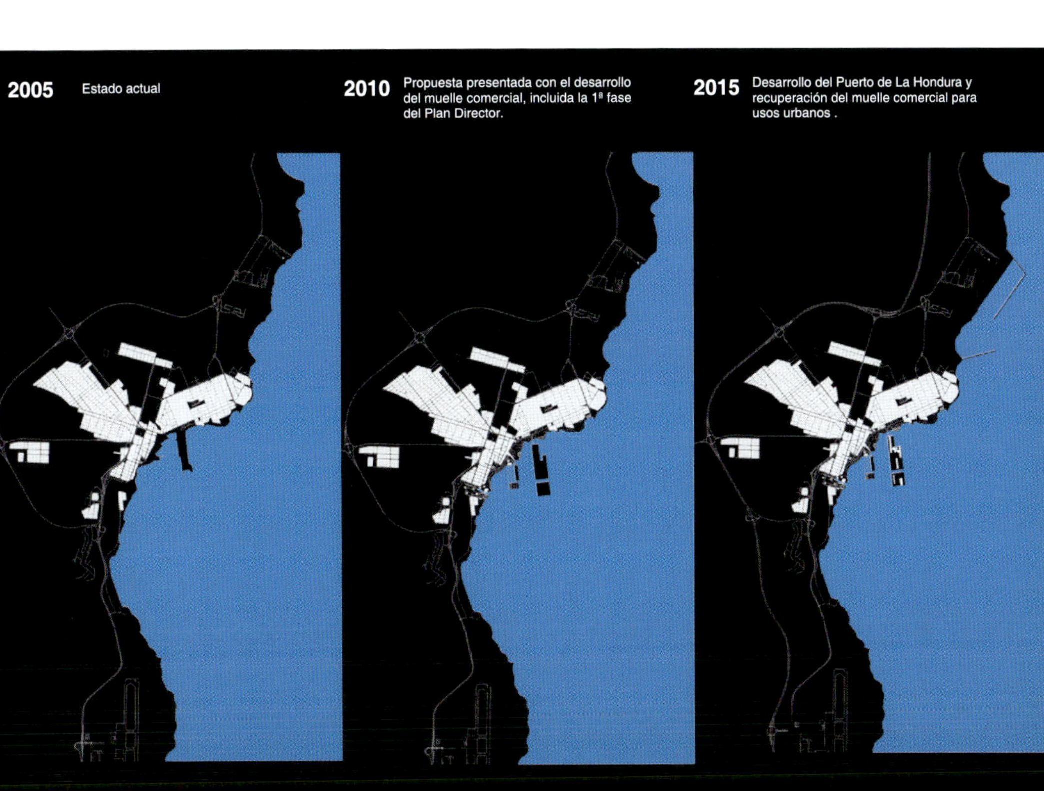
2005 Estado actual
2010 Propuesta presentada con el desarrollo del muelle comercial, incluida la 1ª fase del Plan Director.
2015 Desarrollo del Puerto de La Hondura y recuperación del muelle comercial para usos urbanos .
Desarrollo temporal de la propuesta

Rehabilitación de las Casas Consistoriales

Situación. Fecha[Plaza de Santa Ana. Vegueta. Las Palmas de Gran Canaria. 1998 - 2000
1º Premio Concurso Nacional
Cliente[Ministerio de Fomento. Dirección General de la Vivienda, la Arquitectura y el Urbanismo.
Arquitectos[Magüi González + José Antonio Sosa
Colaboradores[Arquitectos: Miguel Santiago + Elena Sánchez + Sara Guerrero
Estructuras[Reveriego Asociados S.L.
Instalaciones[Ignacio Gimeno
Maquetas[Teodoro del Pino
Dirección de obra[Magüi González + José Antonio Sosa
Aparejador[Adolfo González
Constructora[FCC Fomento de Construcciones y Contratas

Alzado

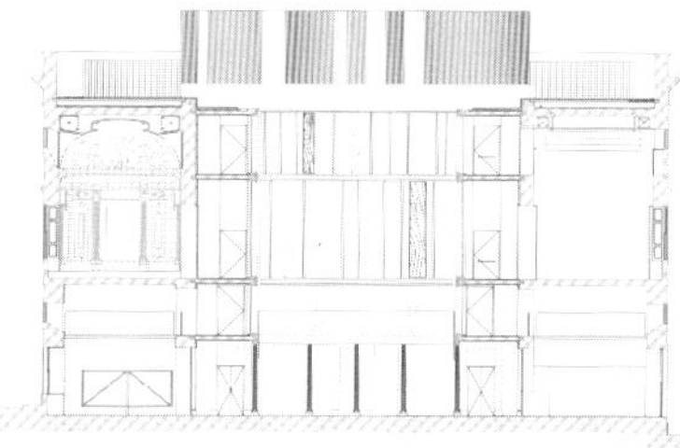

Sección Transversal

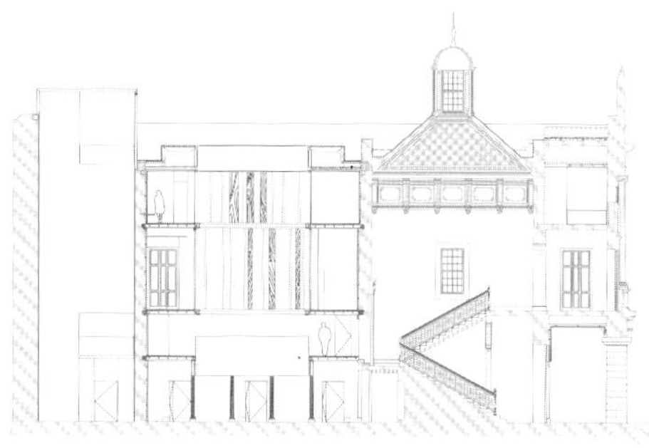

Sección Longitudinal

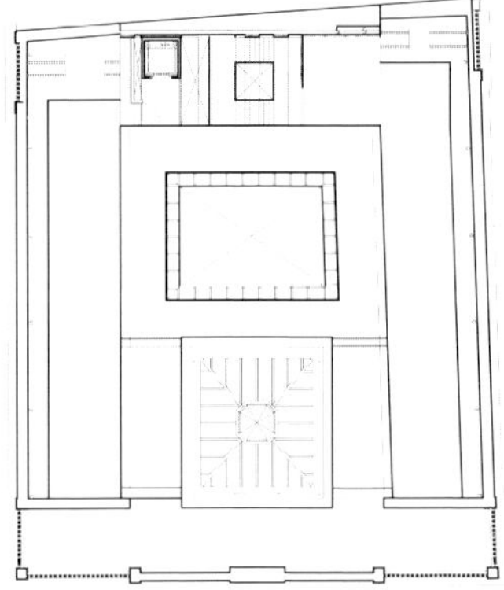

Planta Tercera

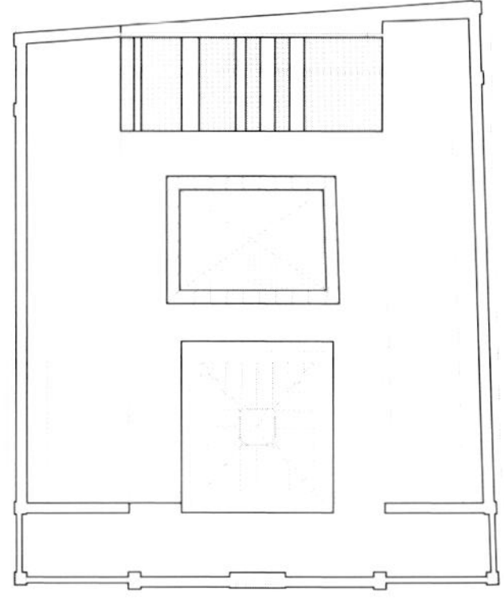

Planta Cubierta

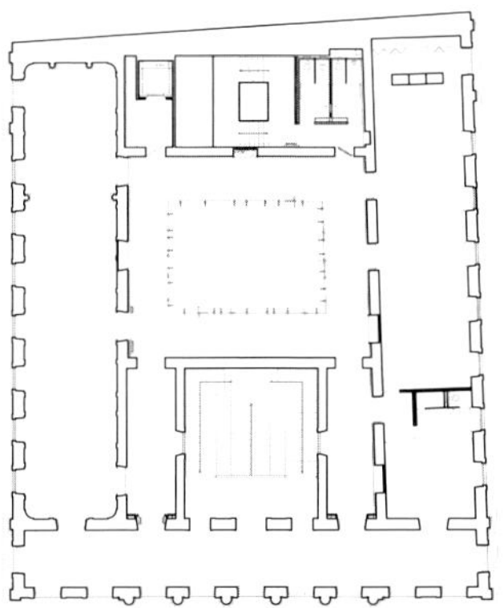

Planta Primera

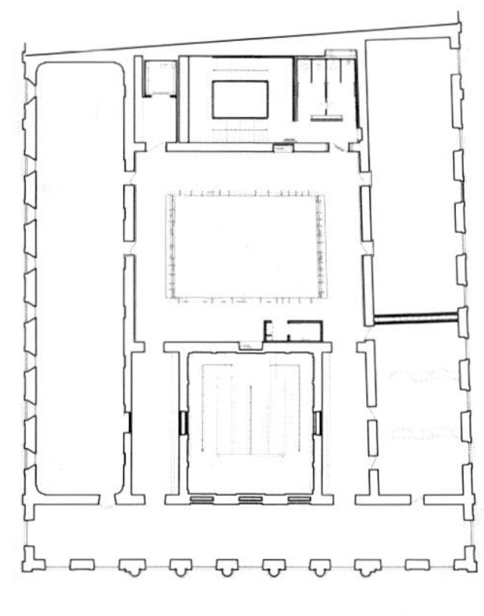

Planta Segunda

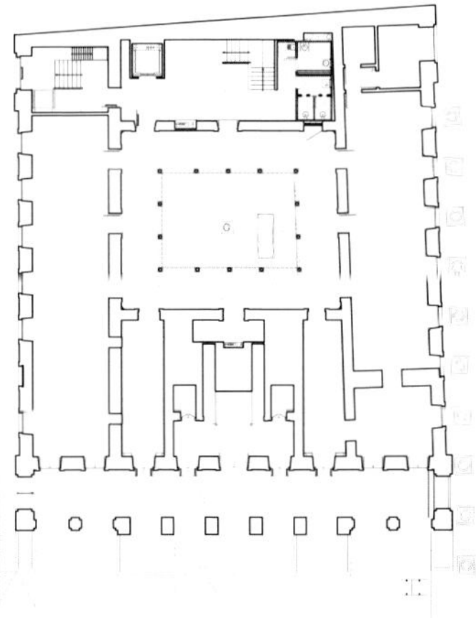

Planta Baja

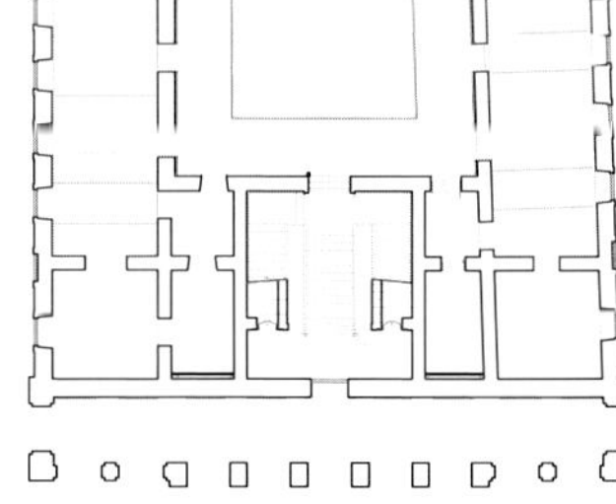

Entreplanta

Rehabilitación del Gabinete Literario de Las Palmas de Gran Canaria

Situación. Fecha[Plaza Cairasco. Las Palmas de Gran Canaria. 1998
1º Premio Concurso Nacional
Cliente[Gabinete Literario
Arquitectos[Magüi González + José Antonio Sosa
Colaboradores[Miguel Santiago + Daniel Hernández + Simón Nuñez
Estructuras[Reveriego Asociados S.L.
Instalaciones[Rg10 Ingenieros
Dirección de obra[Magüi González + José Antonio Sosa

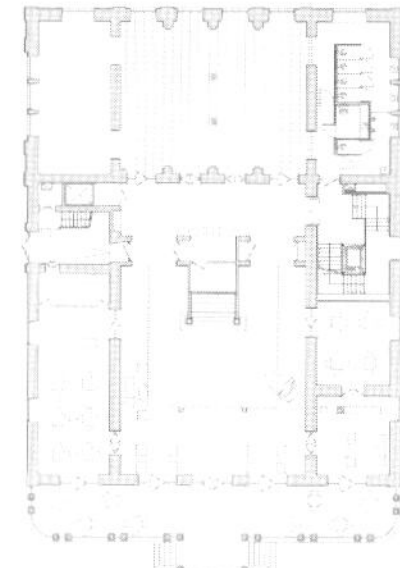

Planta Primera
Restaurante

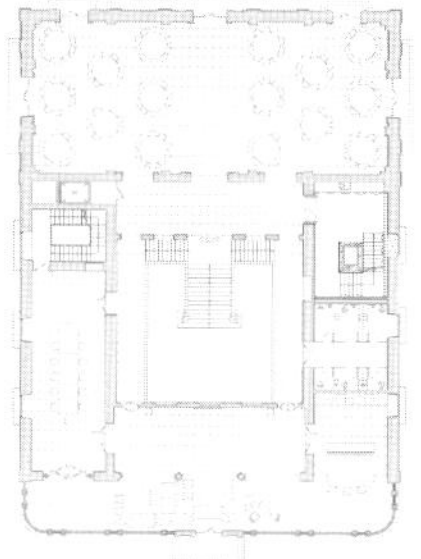

Planta Segunda
zona socios

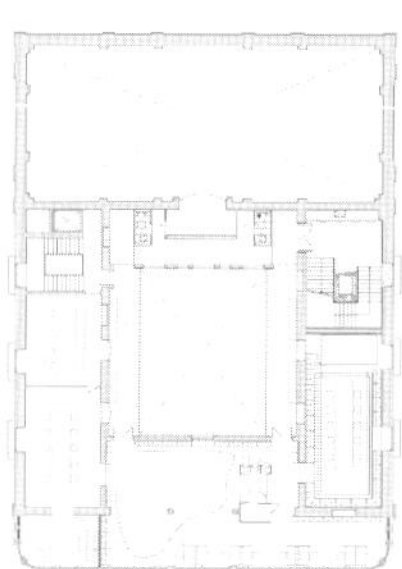

Planta Tercera
Biblioteca y Administración

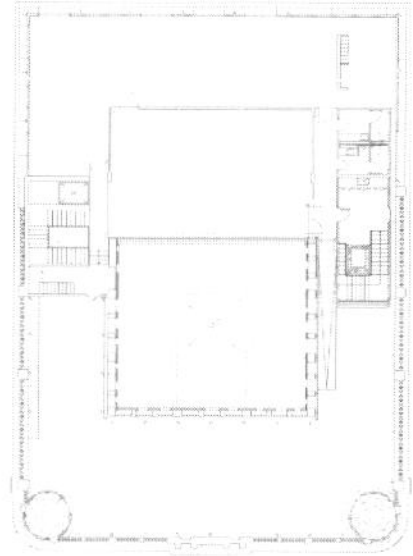

Planta Cuarta

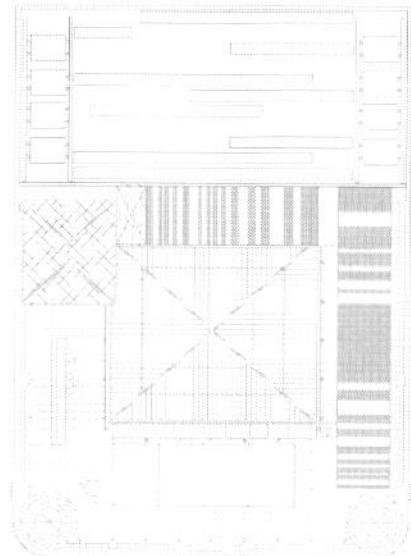

Planta de Cubierta

Alzado Oeste

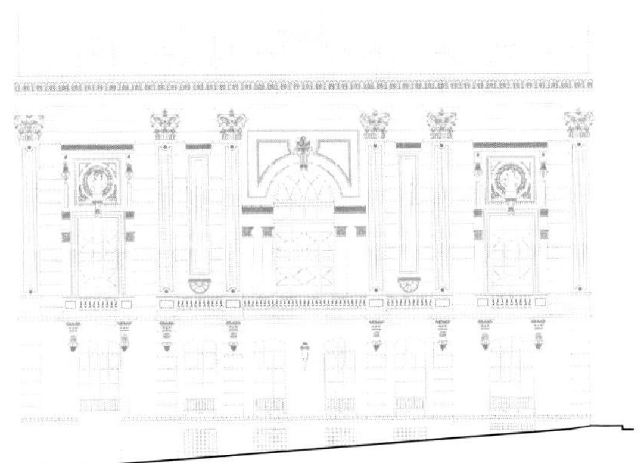

Alzado Norte Reformado

Casa Ruiz

Situación. Fecha[Santiago Tejera Osavarry 19. San Cristóbal Playa. Las Palmas de Gran Canaria. 2006
Finalista Premios FAD 2006.
Premio Oraá 2006
Cliente[José Ruiz
Arquitectos[Magüi González
Colaboradores[Eva Llorca Afonso. Ernesto Sáenz de Galdeano. Juan Jurado. Arquitectos
Estructuras[Departamento de Estructuras COAC
Maquetas[Teodoro de Pino carpintería con Juan Jurado y Daida Argüeso. Arquitectos
Dirección de obra[Magüi González
Aparejador[Adolfo González
Constructora[José Ruiz

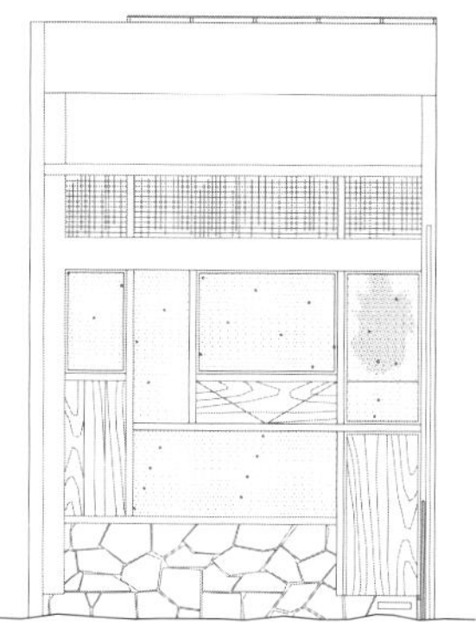

Alzado Este

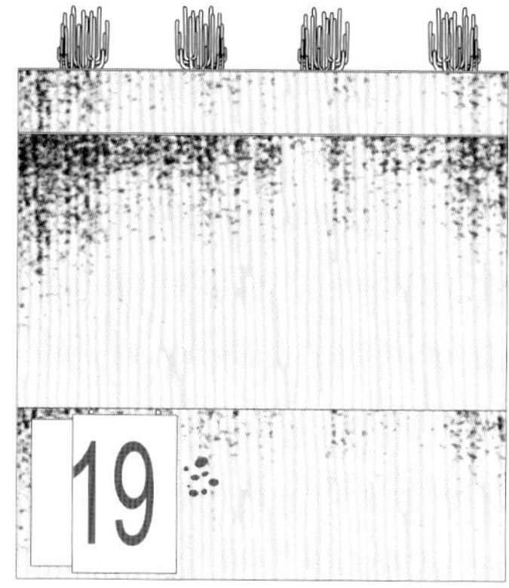

Alzado Oeste

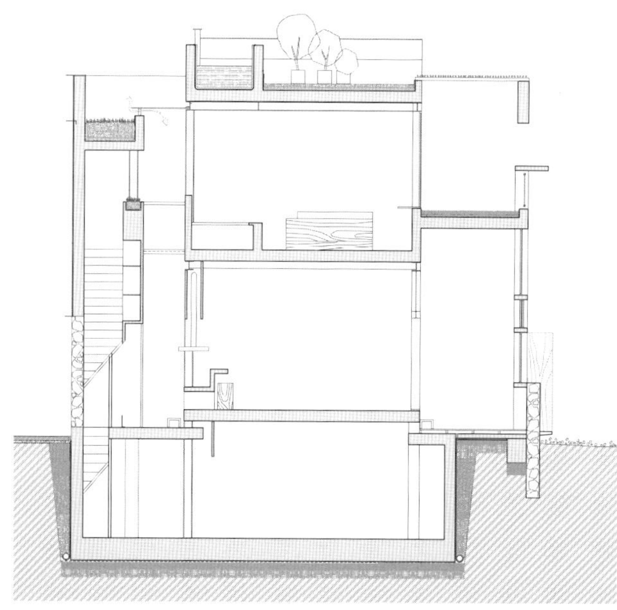

Sección constructiva

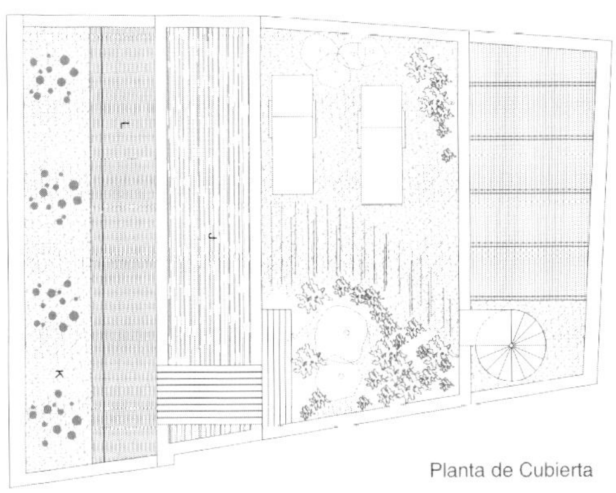

Planta de Cubierta

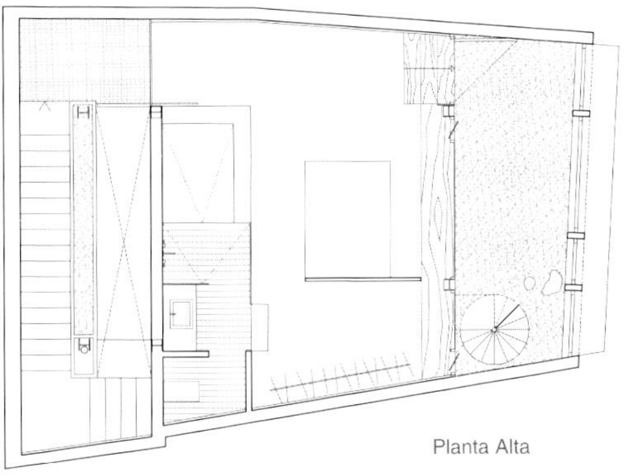

Planta Alta

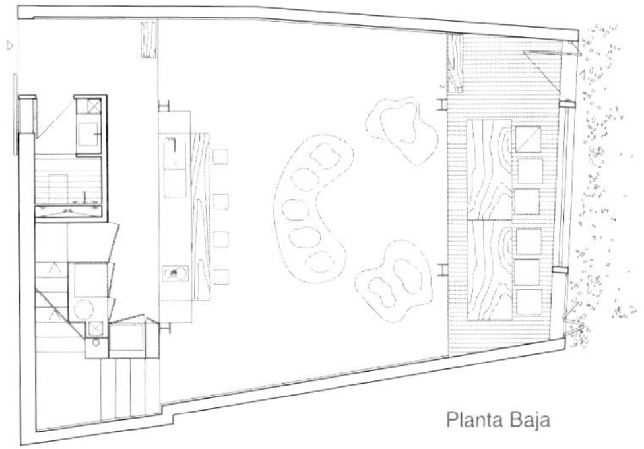

Planta Baja

Magüi González García es Arquitecta y Profesora Titular de Proyectos Arquitectónicos en la Escuela de Arquitectura de Las Palmas . Premio Oraa de Arquitectura en Canarias 1996 y 2006 y Selección Fad 2006 .
Desde 2004 miembro de la comision técnica del DoCoMoMo Iberico .

José Antonio Sosa Díaz-Saavedra es Doctor Arquitecto y Catedrático de Proyectos Arquitectónicos en la Escuela de Arquitectura de Las Palmas.
Visiting Scholar en la Universidad de Harvard, 2000. *Guest Critic* ETH Zurich, 2005.
Mencion en el Premio Oraa de Arquitectura de Canarias en las siguientes ediciones: 85/86, 87/88, 90/91, 96/97
Es autor de los siguientes libros; "Contextualismo y Abstracción",1996, "Arquitectura Moderna en Canarias , 1925-1965" y, "La Casa del Marino de Miguel Martín- Fernandez".

Las obras de ambos , premiadas en diversas ocasiones, ha sido publicada en distintas revistas especializadas, ON , Quaderns, BASA, Arquitectura, Architecti, Arquitectura COAM , Guia de Arquitectura de España…

Ambos han participado   en seminarios y congresos internacionales como el Fith International DOCOMOMO Conference realizado en el Museo de Arquitectura de Estocolmo, el de la UIA en Barcelona. 2001 . Festival Metápolis 2.0 "Trailer de ideas para una arquitectura avanzada" Mercat de les Flors, Barcelona 2000 ó en " N-Claves para una Arquitectura Avanzada . Encuentro nacional de Arquitectos, 50 proyectos 50 conceptos ." Nau Ivanow Barcelona 2001.

OBRAS CONSTRUIDAS .MAGUI GONZALEZ + JOSÉ ANTONIO SOSA
BUILT WORKS. MAGÜI GONZÁLEZ + JOSÉ ANTONIO SOSA

1998-2005 Rehabilitación de Las Casas Consistoriales de Las Palmas .. Ministerio de Vivienda.

1998 -2005   .Rehabilitación del Gabinete Literario de Las Palmas . Obra en ejecución por fases.

2001-06 .Parking Venegas   y Plaza de los Derechos Humanos . (Con Miguel Santiago)

SELECCIÓN DE OBRAS CONSTRUIDAS .MAGUI GONZALEZ
SELECTION OF BUILT WORKS.MAGUI GONZÁLEZ

1983-85. 30 V.P.O Juan Grande. Gran Canaria.

1988-92. Centro Comercial, Plaza Pública y Aparcamientos . Las Palmas.
Centro Comercial Escaleritas S.A.

1988-92.35 VPO. San Mateo. Gran Canaria. Visocán. Consejería de Obras
Públicas Viviendas y Aguas

1990-1996.Edificio de Usos Múltiples II de Las Palmas. Consejería de Economía y
Hacienda. Gobierno de Canarias.

2000-2005.Casa Ruiz .

SELECCIÓN DE OBRAS CONSTRUIDAS .JOSE ANTONIO SOSA
SELECTION OF BUILT WORKS.JOSÉ ANTONIO SOSA

1985-1990. Conjunto Fosforera, 164 VPO en Guanarteme.
(con Manuel Roca Suárez)

1988-1992 .Viviendas de VPO de Promoción Pública. Prosa, Tenerife.
(con Virgilio Gutierrez)

1988-1996 .Remodelación integral del Hotel Santa Catalina y nuevo SPA.Gran
Canaria.
Concurso Restringido, 1988. Proyecto 1991. (con Francisco Cabrera)

1993 .Edificio de Aparcamientos (250 uds) en Schamann.

2000-2006. Conjunto de Edificios de Viviendas y Centro Comercial en la Minilla,
Parcela 1 (con Carlos Hipola y Maria Jesús González)

2003-2005. Edificio de 36 viviendas en Picachos, Telde, Gran Canaria.

2003-2005 .Edificio Administrativo. Las Palmas, Avenida Alcalde Díaz-Saavedra
(con Base Ingeniería y Arquitectura)

SELECCIÓN DE PROYECTOS . MAGUI GONZALEZ + JOSÉ ANTONIO SOSA
SELECTION OF PROJECTS. MAGUI GONZÁLEZ + JOSÉ ANTONIO SOSA

1995 .Concurso Nacional Parque Urbano de las Rehoyas.

1997 .Concurso por invitación   de 100 Bungalows en la urbanización Campo de Golf . Maspalomas

1998 Concurso por invitación de Hotel en Meloneras.

1999. Concurso Nacional para la Tesoreria de la Seguridad Social en Tenerife .

2001. Concurso Parcela Woermann

2004 .Proyecto de La Ciudad Judicial de Las Palmas . 1er Premio Concurso Nacional. (Con Miguel Santiago)

 2005 .   Master Plan de l Frente Litoral de Puerto del Rosario . Puertos de Las Palmas , Ayuntamiento de Puerto del Rosario y Cabildo de Fuerteventura. 1er Premio Concurso Nacional de Ideas .(Con Miguel Santiago)

2005 . Concurso Nacional de Ideas Campus de la Justicia de M adrid .Selección .(Con Miguel Santiago)

2005 .Plan Territorial Parcial Litoral de Levante de Las Palmas pendiente de adjudicar

2005.Rehabilitación de la Sala de Arte y Centro de producción artistica La Regenta . 1er Premio Concurso Internacional de Ideas . (Con Miguel Santiago)

2006 . Concurso Juzgados de Santa Lucia

EXPOSICIONES COLECTIVAS
GROUP EXHIBITIONS

1990.Prototipos de viviendas unifamiliares en el medio rural rurales. Galería de exposiciones del MOPT. Arquería de los nuevos ministerios. Madrid.

1990. I Muestra de Arquitectura Española 1980-90.   Arquerías de los Nuevos Ministerios (Madrid , y Comillas, Santander .

1997.Exposición " Hard " and " Soft". Comisario: Ana Mª Torres . Eighth Floor Gallery. New York.

1998.Exposición "Una Hora Menos". Comisaria: Clara Muñoz. Centro de Arte La Recova. Tenerife.

2000. Exposicion IV BIENAL INTERNACIONAL DE SAO PAULO .Brasil 1999-2000

2003.II Bienal de Lanzarote   . Exposición "Espacios de Intimidad ".Sala de Arte Los Aljibes .

2004.Bienal de DAKAR 2004 . Exposición " La ciudad que vino del tiempo".

2004.Exposición Arquitectura y Justicia . Propuestas y proyectos para el s.XXI. Fundación COAM .

2005.Exposición VI Bienal Internacional de Sao Paulo .

2006.Exposición Premio Oraa de Arquitectura 2005-2006 . CAAM . Colegio de Arquitectos de Tenerife

2006Exposicion premios FAD 2006 . Sede del Fad   . Barcelona .

Catálogo /Catalogue

Concepto y Diseño Gráfico.Nred
José Luis Lorenzo Alzola
Lucas Alzola (grafostudio.com)

Traducción
Graham Thomson

Impresión
Ingoprint. Industria gráfica

Papel
interior, estucado mate gr/m 170
exterior, cartulina estucada 1/c gr/m 280

© **Nred arquitectos. www.nred-arquitectos.com**
© **de los textos: sus autores**
© **de las imágenes: Nred arquitectos**

Exposición /Exhibition

Comisariado
Clara Muñoz

Entrevista
Clara Muñoz

Textos introductorios
Iñaki Abalos
Manuel Gausa

Coordinación y Montaje de exposición Nred:
Rubén Ginorio

Audiovisual
Javier Torón
Eon

Fotografías
Beth Yarnelle Edwards pags. 162
Raquel Carmona pags. 03,04,43,47,69,71,73,76,78,79,80,89,91,93,94,95,127,131,133,145,151,154,157,159,163,165,167
Carlos Schwartz pags. 124
Luis Asín pags.155
Tino Armas pags.126,128,129,130

© **de las fotografías:** sus autores

Maquetas
La Regenta. Teodoro del Pino con José Luis Novo.
Ciudad de la Justicia de Las Palmas. Jorge Queipo.
Venegas. Teodoro del Pino con Rubén Ginorio
Puerto del Rosario.(1) Teodoro del Pino con Rubén Ginorio
        (2) Oscar Hidalgo, Guacimara Delgado, Javier Cabrera.
Casa Ruiz. Teodoro del Pino con Daida Argüeso.

González, María Luisa y Sosa, José Antonio

Abalos, Iñaki; Gausa, Manuel y Muñoz, Clara

(título):Magüi González + José Antonio Sosa. Nred arquitectos

Las Palmas de Gran Canaria / Gabinete Literario / 2006

[núm. de páginas]: 196

ISBN: [978-84-611-3851-7]

María Luisa González

José Antonio Sosa

Arquitectos españoles - siglo 21

Arquitectura Contemporánea - siglo 21 - España - Canarias

Contiene los siguientes proyectos:

Centro de Producción Artística "La Regenta"

Ciudad de la Justicia de Las Palmas de Gran Canaria

Edificio Administrativo, Fundación Loyola

Plaza de los Derechos Humanos y Aparcamiento de Venegas

Master Plan del Frente Marítimo de Puerto del Rosario. Fuerteventura

Rehabilitación Casas Consistoriales de Las Palmas de Gran Canaria

Rehabilitación del Gabinete Literario

Casa Ruiz